CUISINE SAINE POUR PARESSEUX

Des plats savoureux, simples et sains en seulement 10 minutes

INTRODUCTION

Dans le monde trépidant d'aujourd'hui, nous nous retrouvons souvent avec peu de temps à notre disposition. Entre le travail, la famille, la vie sociale et les engagements personnels, il semble presque impossible de donner la priorité à quelque chose d'aussi fondamental que notre alimentation. Beaucoup d'entre nous se tournent vers des solutions rapides, des repas préemballés ou des choix alimentaires inappropriés, tout cela au nom de l'économie de temps. Mais que diriez-vous si nous vous disions que vous pouvez préparer un repas sain et délicieux dans le même temps qu'il vous faudrait pour commander une pizza ?

Bienvenue dans "***Cuisine saine pour paresseux***" !
Ce livre est un guide pratique conçu spécialement pour ceux qui sont souvent trop occupés ou trop fatigués pour cuisiner des repas élaborés. Si le manque de temps ou de compétences culinaires vous fait souvent recourir à des plats à emporter ou préemballés, ce livre est parfait pour vous.

Dans ce livre, nous explorons le concept de cuisine rapide et saine. Nous approfondissons l'importance d'une alimentation saine, nous vous fournissons des conseils pour optimiser votre temps et votre efficacité en cuisine, et nous vous guidons pour faire de meilleurs choix alimentaires, même lorsque vous êtes pressé. Surtout, nous vous offrons un répertoire de plus de 80 recettes rapides, simples et nutritives qui sont non seulement bénéfiques pour votre corps, mais aussi agréables pour votre palais.

Des petits déjeuners rapides et sains pour commencer la journée, aux déjeuners satisfaisants que vous pouvez préparer en quelques minutes, jusqu'aux dîners copieux qui requièrent un effort et un temps minimaux, nous avons pensé à vous. De plus, nous avons inclus quelques en-cas sains et faciles à préparer que vous pourrez grignoter lorsque la faim se fera sentir entre les repas.

Chaque recette de ce livre est fournie avec une liste détaillée d'ingrédients, des instructions claires étape par étape, une indication du temps de préparation et un indice de difficulté. De plus, nous fournissons une estimation du nombre de calories et indiquons si la recette convient aux végétariens ou aux végans.

Rappelez-vous que manger sainement ne doit pas forcément être ennuyeux ou prendre beaucoup de temps. Avec un peu de planification et les bonnes recettes, vous pouvez facilement créer des repas savoureux et nutritifs en très peu de temps. Alors, êtes-vous prêt à commencer votre voyage vers un style de vie plus sain sans passer des heures en cuisine ? Allons-y aux fourneaux !

ALIMENTATION SAINE : UN APERCU

Qu'est-ce qu'une alimentation saine ?

Par alimentation saine, on entend celle qui fournit à notre corps les nutriments nécessaires pour maintenir une bonne santé, soutenir les fonctions corporelles quotidiennes et prévenir les maladies. Ces nutriments comprennent les protéines, les glucides, les graisses saines, les vitamines, les minéraux et l'eau. Les aliments sains se caractérisent par leur richesse en ces nutriments essentiels et par de faibles niveaux de sucres transformés, de graisses saturées et trans et de sodium.

Manger sain ne signifie pas manger sans saveur ou se limiter à consommer uniquement des fruits et des légumes. Cela inclut une variété d'aliments appartenant à différents groupes alimentaires. Il s'agit d'un régime équilibré qui comprend une gamme diversifiée d'aliments dans les bonnes proportions pour assurer la santé générale.

Aliments sains et aliments a eviter

Les aliments sains incluent généralement :

Fruits et légumes : Ils sont riches en vitamines, minéraux et fibres mais faibles en calories. Ils sont d'excellentes sources de nombreux nutriments dont votre corps a besoin pour fonctionner efficacement.

Céréales complètes : Des aliments comme le riz complet, l'avoine, le pain complet et les pâtes complètes sont riches en fibres, ce qui favorise la digestion et peut aider à réduire le risque de maladies cardiaques.

Protéines maigres : Les viandes maigres, la volaille, le poisson, les œufs, le tofu et les légumineuses sont d'excellentes sources de protéines de haute qualité.

Graisses saines : des aliments comme l'avocat, les noix, les graines et les poissons gras sont riches en graisses saines, essentielles pour le fonctionnement du cerveau et l'absorption de certaines vitamines.

Produits laitiers : Choisissez des produits laitiers faibles en matières grasses ou sans matières grasses pour votre apport en calcium et en vitamine D.

À l'inverse, pour une alimentation saine, il est préférable d'éviter ou de minimiser certains aliments :

Aliments transformés : Ils contiennent souvent des niveaux élevés de sodium, de sucre et de graisses malsaines. Ils sont généralement pauvres en nutriments et riches en calories.

Boissons sucrées : Les boissons comme les sodas, le thé sucré et certaines boissons à base de fruits sont souvent chargées de sucres et offrent peu de valeur nutritionnelle.

Graisses trans et saturées : On les trouve dans des aliments comme le beurre, la margarine, les viandes grasses et de nombreux aliments transformés. Elles peuvent augmenter les niveaux de cholestérol et le risque de maladies cardiaques.

Aliments à haute teneur en sodium : Les aliments riches en sel peuvent augmenter la pression artérielle. Cela inclut certains aliments en conserve, transformés et rapides.

Sucreries et snacks riches en sucre : Bien qu'ils puissent être savoureux, ils fournissent peu de valeur

nutritionnelle et peuvent conduire à une prise de poids et à d'autres problèmes de santé.
Rappelez-vous que le secret d'une alimentation saine est la modération. Il ne s'agit pas d'éliminer complètement certains aliments, mais plutôt de créer un régime équilibré qui favorise votre santé et votre bien-être.

Les avantages d'une alimentation saine

L'adoption d'une alimentation saine est l'un des choix de vie les plus efficaces que vous puissiez faire pour promouvoir la santé et le bien-être général. Les avantages d'une alimentation saine sont nombreux et vont de la santé physique au bien-être mental. Voici quelques-uns des motifs les plus convaincants pour manger sainement :
Favorise une croissance et un développement optimaux : Une alimentation nutritive est cruciale pendant les périodes de croissance et de développement rapide, comme l'enfance et l'adolescence. Elle est également essentielle à d'autres étapes de la vie, comme la grossesse.
Favorise la santé et la longévité : Un régime riche en fruits, légumes, protéines maigres et céréales complètes peut aider à réduire le risque de plusieurs maladies chroniques, y compris les maladies cardiaques, les AVC, certains types de cancer, le diabète et l'ostéoporose.
Aide à maintenir un poids sain : Consommer le bon équilibre de calories provenant de divers aliments peut vous aider à maintenir un poids sain. L'obésité et le surpoids, associés à la consommation

d'aliments transformés et hypercaloriques, peuvent conduire à des maladies chroniques telles que le diabète et les maladies cardiaques.

Renforce les défenses immunitaires : Certains nutriments, y compris les protéines, les vitamines A, C et E et les minéraux comme le zinc, sont essentiels pour maintenir et renforcer le système immunitaire. Ces nutriments sont abondants dans une alimentation saine et équilibrée.

Améliore la santé du cerveau et l'humeur : une alimentation saine soutient la fonction cérébrale et peut avoir un effet profond sur votre santé mentale. Les nutriments tels que les acides gras oméga-3, les vitamines du groupe B et les antioxydants favorisent la santé du cerveau, tandis qu'une alimentation riche en sucres raffinés peut avoir un impact négatif sur les fonctions cérébrales et l'humeur.

Soutient la santé digestive : Les aliments riches en fibres, comme les fruits, les légumes et les céréales complètes, peuvent aider à améliorer la santé digestive et à prévenir des problèmes tels que la constipation et la maladie diverticulaire.

Promeut la santé de la peau et des cheveux : Les nutriments tels que la vitamine C, les graisses saines et l'eau sont essentiels pour maintenir une peau et des cheveux sains. Une alimentation pauvre en ces éléments peut entraîner des problèmes tels que la peau sèche, les cheveux ternes et le vieillissement prématuré.

Une alimentation saine ne signifie pas seulement maintenir un poids idéal ou éviter certaines maladies ; il s'agit d'améliorer la qualité de vie, d'augmenter les niveaux d'énergie, de soutenir la santé mentale et de promouvoir le bien-être général. En intégrant une variété d'aliments nutritifs dans vos repas quotidiens, vous faites un investissement inestimable dans votre santé.

Est-il possible de cuisiner des plats sains en seulement 10 minutes ?

Il est tout à fait possible de créer des repas nutritifs et délicieux en 10 minutes ou moins ! Bien que cela puisse sembler intimidant au début, surtout si vous êtes novice en cuisine, avec les bons ingrédients, outils et recettes, cela devient simple et faisable.

L'idée fausse que la cuisine saine prend trop de temps vient de l'idée que les aliments sains doivent être préparés à partir de zéro, nécessitent une multitude d'ingrédients ou requièrent des techniques de cuisson complexes. Bien que ces recettes existent et aient leur place dans le monde culinaire, elles ne représentent pas ce que doit être la cuisine saine au quotidien.

Une cuisine rapide et saine repose sur quelques principes simples:

Simplicité : Souvent, les recettes les plus simples sont les plus saines. Vous pouvez créer un repas nutritif avec une poignée d'ingrédients. Par exemple, un plat de poulet grillé, de brocolis à la vapeur et de quinoa est facile à préparer, est nutritif et peut être réalisé en moins de 10 minutes.

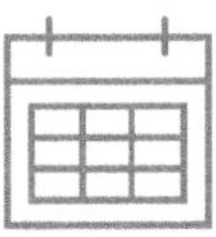

Planification : Avoir un menu hebdomadaire bien planifié et un garde-manger bien approvisionné peut réduire considérablement le temps nécessaire à la préparation des repas. Savoir à l'avance ce que vous allez cuisiner élimine le besoin de faire des courses de dernière minute ou de perdre du temps à décider quoi cuisiner.

Achats intelligents : Achetez des légumes prédécoupés, des légumineuses en conserve, des céréales cuites et d'autres ingrédients prêts à l'emploi pour gagner du temps. Même si le frais est le meilleur, ces options peuvent économiser du temps et sont bien plus saines que de recourir au fast-food ou à des repas hautement transformés.

Méthodes de cuisson efficaces : Certains modes de cuisson sont plus rapides que d'autres. La cuisson à la vapeur, le sauté, le grill et le micro-ondes sont tous des méthodes rapides de préparation des aliments.

Multitâche : Pendant que le plat principal est en train de cuire, utilisez ce temps pour préparer une salade rapide ou pour réchauffer des légumes restants. Avec un peu de pratique, vous pouvez planifier les différentes parties de votre repas de sorte qu'elles finissent en même temps.

En fin de compte, la faisabilité des repas en 10 minutes dépend de votre approche de la planification et de la préparation des repas. Avec les bonnes stratégies et un peu de pratique, vous découvrirez que cuisiner sainement peut être rapide, accessible et agréable.

Exemples reels de repas rapides et sains

La théorie de préparer des repas sains en 10 minutes ou moins peut sembler bonne, mais jetons un œil à quelques exemples réels qui prouvent que c'est tout à fait faisable.

Bol de quinoa végétarien sauté à la poêle : Les sautés sont rapides, simples et versatiles. Dans ce plat, faites sauter des légumes déjà coupés (que vous pouvez acheter dans n'importe quel supermarché) dans de l'huile d'olive, ajoutez le quinoa cuit, assaisonnez avec vos herbes ou épices préférées et voilà ! En moins de 10 minutes, vous aurez un repas riche en fibres et en protéines.

Wrap d'avocat et de thon : Ce repas rapide combine les graisses saines de l'avocat avec les protéines maigres du thon. Ajoutez des tomates

coupées en dés et un filet de citron, et enveloppez le tout dans un wrap complet pour un déjeuner rapide et délicieusement nutritif.

Parfait au yaourt grec : Pour un petit-déjeuner ou une collation super rapide, mettez dans un verre du yaourt grec, de la granola et des fruits rouges frais. Ce plat n'est pas seulement beau à voir, mais aussi riche en protéines, en fibres et en antioxydants.

Pâtes au pesto de crevettes et légumes : Les pâtes ne doivent pas toujours être un plat qui prend beaucoup de temps. Optez pour des pâtes complètes, des crevettes déjà cuites et du pesto prêt à l'emploi. Pendant que les pâtes bouillent, vous pouvez chauffer les crevettes et les légumes dans une poêle avec la sauce au pesto. Lorsque les pâtes seront prêtes, la sauce le sera aussi.

Omelette aux légumes au micro-ondes : Battez deux œufs dans une tasse adaptée au micro-ondes, ajoutez un peu de légumes hachés (comme des poivrons, des épinards et des tomates) et faites cuire au micro-ondes pendant environ 2 minutes. En un instant, vous aurez un petit-déjeuner nutritif et riche en protéines.

Ce ne sont là que quelques exemples de la façon dont il est possible de préparer des repas sains en 10 minutes ou moins. Comme vous pouvez le voir, il s'agit de faire des choix intelligents, d'un peu de créativité et d'une utilisation efficace du temps et des ingrédients.

PLANIFICATION INTELLIGENTE DES COURSES ET DES REPAS

Maintenir un style de vie sain va au-delà du simple choix de repas nutritifs. Il est également nécessaire de prendre des décisions intelligentes lorsqu'on fait ses courses et de planifier efficacement les repas. En adoptant des stratégies pour des courses intelligentes et une planification des repas, vous pouvez optimiser vos choix alimentaires, économiser du temps et de l'argent, réduire le gaspillage alimentaire et vous assurer d'avoir toujours à disposition des repas nutritifs. Nous allons maintenant approfondir l'importance de faire ses courses de manière intelligente et les avantages d'une planification efficace des repas, accompagnés de stratégies pratiques qui vous aideront à mettre en œuvre ces pratiques dans votre vie quotidienne.

L'importance d'une course intelligente :

a. **Faire des choix éclairés** : Faire ses courses de manière intelligente vous permet de prendre des décisions éclairées sur les aliments que vous ramenez chez vous. En lisant les étiquettes des produits, en comprenant les informations nutritionnelles et en faisant attention aux ingrédients, vous pouvez choisir des produits qui correspondent à vos objectifs de santé et à vos préférences alimentaires.

b. **Donner la priorité aux aliments riches en nutriments** : Faire ses courses vous permet de réapprovisionner votre cuisine en aliments riches en nutriments. En vous concentrant sur des aliments complets tels que les fruits, les légumes, les protéines maigres, les céréales complètes et les graisses saines, vous pouvez créer un régime équilibré et nutritif qui favorise votre bien-être général.

c. **Éviter les tentations malsaines** : Les supermarchés regorgent de présentoirs attrayants de snacks transformés et de sucreries. Avec une course intelligente, vous pouvez résister à ces tentations malsaines et vous en tenir à vos choix sains, soutenant ainsi vos objectifs de bien-être à long terme.

Les avantages d'une planification efficace des repas :

a. **Gestion du temps** : La planification des repas vous fait gagner du temps et de l'énergie en réduisant le stress quotidien de décider quoi cuisiner. Avec un plan de repas bien conçu, vous pouvez simplifier le processus de cuisson, minimiser le temps passé en cuisine et avoir plus de temps libre pour d'autres activités.

b. **Réduction du stress** : Avoir un plan de repas clair élimine le besoin de prendre des décisions de dernière minute sur ce qu'il faut manger. Cela aide à réduire le stress, car vous pouvez aborder chaque repas avec confiance et profiter d'une expérience culinaire plus détendue.

c. **Habitudes alimentaires plus saines** : La planification des repas vous permet d'incorporer une variété d'aliments nutritifs dans votre alimentation. En sélectionnant soigneusement les recettes et en incluant un équilibre de macronutriments et de micronutriments, vous pouvez vous assurer que vos repas fournissent les nutriments nécessaires pour une santé optimale.

d. **Minimiser le gaspillage alimentaire** : Planifier les repas à l'avance vous aide à utiliser les ingrédients de manière efficace et à minimiser le gaspillage alimentaire. En créant des recettes qui partagent des ingrédients et en recyclant les restes de manière créative, vous pouvez réduire le gaspillage alimentaire et adopter un style de vie plus durable.

e. **Économie d'argent** : Avec une planification efficace des repas, vous pouvez économiser en évitant les achats impulsifs et en tirant le meilleur parti des ingrédients que vous avez déjà à disposition. En vous en tenant à une liste de courses basée sur votre plan alimentaire, vous pouvez minimiser les déchets et maximiser votre budget.

Strategies pour des courses intelligentes et une planification efficace des repas :

a. **Créez un plan alimentaire hebdomadaire** : Chaque semaine, consacrez du temps à la planification des repas pour les jours à venir. Prenez en compte vos horaires, vos préférences alimentaires et vos besoins nutritionnels lors du choix des recettes.

b. **Préparez une liste de courses détaillée** : Une fois que vous avez votre plan de repas, créez une liste de courses détaillée en fonction des ingrédients nécessaires pour chaque recette. Soyez précis et spécifique pour vous assurer d'avoir tout ce dont vous avez besoin pour préparer les repas avec succès.

c. **Faites vos courses avec intention** : Entrez dans le magasin d'alimentation avec un esprit clair et une compréhension complète de ce dont vous avez besoin. Tenez-vous à votre liste de courses et résistez à la tentation d'acheter des articles non nécessaires qui pourraient dérailler vos objectifs de santé.

d. **Concentrez-vous sur les aliments frais et complets** : Lorsque vous choisissez les produits à mettre dans votre panier, privilégiez les produits frais, les protéines maigres, les céréales complètes et les graisses saines. Ces aliments complets fournissent des nutriments essentiels et sont les éléments clés d'une alimentation nutritive.

e. **Lisez et comparez les étiquettes des aliments** : Prenez le temps de lire et de comparer les étiquettes des aliments pour faire des choix éclairés. Choisissez des produits avec peu d'additifs, une teneur réduite en sodium et en sucres, et des ingrédients facilement reconnaissables.

f. **Utilisez les courses en ligne** : Les plateformes de courses en ligne peuvent être une option pratique pour faire des courses intelligentes. Elles vous permettent de sélectionner soigneusement les articles, de comparer les prix et d'éviter les achats impulsifs.

g. **Pratiquez la cuisine en série et la préparation des repas** : Consacrez des moments spécifiques pendant la semaine pour préparer de plus grandes quantités de certains plats et les portionner pour plusieurs repas. Cela vous permet d'économiser du temps pendant la semaine et d'avoir à disposition des options saines.

h. **Stockez et organisez correctement** : Conservez correctement les produits périssables pour maximiser leur fraîcheur et leur durée de vie. Gardez votre garde-manger, votre réfrigérateur et votre congélateur organisés pour éviter le gaspillage alimentaire et trouver facilement les ingrédients.

En mettant en œuvre ces stratégies pour des courses intelligentes et une planification efficace des repas, vous pourrez optimiser la préparation de vos aliments, faire des choix plus sains et, en fin de compte, soutenir votre chemin vers un style de vie plus sain.

APPROCHE D'UN REGIME ALIMENTAIRE SAIN POUR LES PERSONNES PARESSEUSES

Adopter un mode de vie sain avec peu de temps disponible

Dans le monde moderne effréné, le temps est un bien précieux. Beaucoup d'entre nous se sentent constamment pressés par le temps, essayant de jongler entre le travail, la famille, la vie sociale et les soins personnels. Compte tenu de ces contraintes, adopter un mode de vie sain peut sembler un luxe que nous ne pouvons pas nous permettre. Cependant, la vérité est tout le contraire : un mode de vie sain n'est pas un luxe, mais une nécessité. Et oui, c'est possible même avec peu de temps disponible. Voici quelques conseils :

Planifiez à l'avance : La planification est essentielle pour maintenir un mode de vie sain. Consacrez un peu de temps chaque semaine pour planifier vos repas, créer une liste de courses et préparer vos aliments. Cela vous fera gagner des heures à long terme et vous évitera de faire des choix alimentaires malsains de dernière minute.

Simplifiez vos repas : Sain ne signifie pas forcément compliqué. Tenez-vous en à des recettes simples, avec peu d'ingrédients et rapides à préparer. Ce livre vous fournira de nombreuses recettes faciles et rapides, mais en même temps délicieuses et nutritives.

Faites des choix sains : Préférez le pain complet au pain blanc, l'eau aux boissons sucrées ou les repas faits maison au fast-food. Ces petits changements peuvent avoir un grand impact sur votre santé globale.

Restez actif : Intégrez l'activité physique dans votre routine quotidienne. Ce n'est pas forcément une séance d'une heure à la salle de sport. De courts moments d'activité physique, comme une marche de 10 minutes pendant la pause déjeuner ou quelques exercices rapides en regardant la télévision, peuvent contribuer de manière significative à votre santé.

Gérez le stress : Des niveaux de stress élevés peuvent entraver vos objectifs d'un mode de vie sain. Des techniques simples comme la respiration profonde, la méditation ou la pratique de la pleine conscience peuvent aider à gérer les niveaux de stress et peuvent être réalisées en quelques minutes par jour.

Dormez bien : Donnez la priorité à la qualité de votre sommeil. Le manque de sommeil peut conduire à des choix alimentaires malsains et à un manque de motivation pour rester actif. Essayez de créer un horaire de sommeil régulier et d'établir une routine relaxante avant de vous coucher.

Rappelez-vous qu'un mode de vie sain ne signifie pas atteindre la perfection. Il s'agit de faire de petits changements durables qui peuvent améliorer votre santé à long terme. Vous n'avez pas besoin de réviser toute votre vie en un seul jour. Commencez par de petites choses, soyez constant et avec le temps, ces petits changements deviendront une partie de votre vie quotidienne.

Directives pour faire des choix alimentaires conscients

Choisir consciemment les aliments est essentiel pour maintenir un régime équilibré, surtout lorsque vous disposez de peu de temps. Pendant les périodes de forte activité ou de fatigue, il est très facile de succomber à la tentation de saisir le premier aliment disponible ou d'opter pour des options confortables, qui pourraient ne pas être les plus saines. Voici quelques directives pour vous aider à faire de meilleurs choix :

Comprendre les étiquettes nutritionnelles : Apprendre à lire et à comprendre les étiquettes nutritionnelles peut vous aider à faire des choix plus sains lors de vos achats. Faites attention aux portions, aux calories et aux quantités de sucre, de sel et de graisses malsaines dans le produit.

Choisissez des aliments complets : Autant que possible, optez pour des aliments complets : fruits, légumes, céréales complètes, protéines maigres et graisses saines. Ces aliments sont généralement plus rassasiants et nutritifs que les aliments transformés.

Contrôle des portions : Même les aliments sains peuvent contribuer à la prise de poids si vous en mangez trop. Utilisez des mesures ou une balance alimentaire pour vous assurer que vos portions sont raisonnables.

Mangez en pleine conscience : Soyez attentif à ce que vous mangez et savourez chaque bouchée. Cela vous aidera à mieux apprécier la nourriture et à éviter de trop manger.

Écoutez votre corps : Mangez quand vous avez faim et arrêtez-vous lorsque vous êtes satisfait. Beaucoup d'entre nous ont perdu le contact avec ces signaux de base, mais avec de la pratique, vous pouvez apprendre à écouter votre corps et à répondre à ses besoins.

Hydratez-vous : L'eau est essentielle au bon fonctionnement de notre corps. Assurez-vous de boire suffisamment tout au long de la journée. Si vous vous sentez affamé, vous pourriez simplement être déshydraté.

Planifiez vos plaisirs : Tout le monde mérite de savourer ses aliments préférés, même s'ils ne sont pas les plus sains. En planifiant ces plaisirs, vous pourrez les déguster sans culpabilité et sans excès.

Faire des choix alimentaires conscients peut sembler difficile au début, mais avec la pratique, cela deviendra une seconde nature. Souvenez-vous que chaque choix alimentaire est une opportunité de nourrir votre corps. En suivant ces directives, vous pourrez construire un régime qui soutient votre santé et s'adapte à votre style de vie trépidant.

Stratégies pour maximiser le temps en cuisine

Le temps est essentiel, surtout lorsque vous essayez de maintenir un mode de vie sain malgré un emploi du temps chargé. Voici quelques stratégies pour optimiser votre temps en cuisine :

Cuisson en série : Préparer de grandes quantités de nourriture en une seule fois peut vous faire économiser beaucoup de temps. Par exemple, vous pouvez cuire une grande marmite de quinoa au début de la semaine et l'utiliser dans différents repas tout au long de la semaine.

Préparation des repas : Consacrez quelques heures un jour de la semaine à préparer les repas ou les ingrédients pour le reste de la semaine. Vous pouvez couper les légumes, mariner les protéines, ou même cuisiner complètement les repas et les conserver au réfrigérateur ou au congélateur.

Techniques de cuisson rapides : Certaines techniques de cuisson sont plus rapides que d'autres. La cuisson sautée, à la vapeur et à la pression, par exemple, sont généralement plus rapides que la cuisson au four ou la cuisson lente.

Utilisez des produits pratiques : N'ayez pas peur d'utiliser des produits pratiques comme des légumes pré-coupés, des haricots en conserve ou des céréales instantanées. Ils peuvent réduire considérablement le temps de cuisson.

Plats uniques : Les recettes qui nécessitent une seule casserole ou poêle peuvent faire économiser beaucoup de temps. Elles nécessitent généralement moins de temps de cuisson et ont l'avantage de réduire la quantité de vaisselle à nettoyer.

Gardez votre cuisine organisée : Une cuisine organisée peut rendre la cuisson plus efficace. Gardez les outils et les ingrédients les plus utilisés facilement accessibles.

Créez un répertoire de recettes : Avoir un ensemble de recettes bien connues peut réduire considérablement le temps passé à réfléchir à quoi cuisiner et comment le faire.

En mettant en pratique ces stratégies, vous serez en mesure d'optimiser votre temps en cuisine. De cette façon, vous cuisinerez de manière moins stressante, et il vous sera également plus facile de maintenir une alimentation saine.

Conseils pour organiser votre cuisine de maniere efficace et economiser du temps et de l'energie

Une cuisine organisée est un élément fondamental pour une cuisine efficace. Elle permet de gagner du temps, de réduire le stress et rend le processus de préparation des repas beaucoup plus agréable. Voici quelques conseils pour organiser votre cuisine de manière efficace :

Regroupez les articles similaires : Gardez vos articles de pâtisserie, épices, conserves, etc., dans des zones spécifiques. Cela vous aidera à trouver rapidement ce dont vous avez besoin lorsque vous cuisinez.

Utilisez des contenants transparents : Conservez les produits secs comme les céréales et les pâtes dans des contenants transparents. Cela vous aidera non seulement à garder votre garde-manger en ordre, mais vous permettra également de voir exactement ce que vous avez et en quelle quantité.

Maximisez l'espace vertical : Utilisez la hauteur des armoires et du réfrigérateur pour ranger plus d'objets. Vous pouvez utiliser des rehausseurs d'étagères, des paniers suspendus ou des crochets pour créer de l'espace supplémentaire.

Gardez à portée de main les objets que vous utilisez fréquemment : Les objets que vous utilisez tous les jours doivent être facilement accessibles. Il peut s'agir d'ustensiles de cuisine, de casseroles et poêles préférées, ou d'ingrédients de base comme l'huile, le sel et le poivre.

Utilisez des organisateurs pour tiroirs : Ils peuvent aider à garder les ustensiles, les couverts et autres petits objets organisés et faciles à trouver.

Faites le tri régulièrement : Il est facile que la cuisine soit encombrée de gadgets inutilisés, d'aliments périmés ou de doublons. Un rangement régulier peut vous aider à maintenir votre cuisine fonctionnelle et efficace.

Étiquetez tout : surtout dans le réfrigérateur ou le congélateur, les étiquettes peuvent vous aider à identifier les aliments et à vous rappeler quand ils ont

été stockés. Cela permet de réduire les déchets et de simplifier la planification des repas.

Une cuisine organisée de manière efficace rendra votre expérience culinaire plus agréable et moins coûteuse en termes de temps. Et lorsque la cuisine devient un plaisir plutôt qu'une corvée, il est plus probable que vous parveniez à maintenir votre objectif de manger des repas sains et faits maison, même lorsque le temps est compté.

BIEN MANGER AVEC UN BUDGET LIMITE

Dans un monde où les prix des aliments s'envolent et où les ressources sont limitées, il peut être difficile de maintenir un mode de vie sain. Il est essentiel de corriger l'idée fausse selon laquelle bien manger est coûteux. Nous allons approfondir le sujet de bien manger avec un budget limité et vous fournir des stratégies pratiques pour nourrir votre corps sans trop dépenser.

L'idee fausse d'une alimentation saine et couteuse :

a. **Séparer les faits de la fiction** : Il est temps de démentir le mythe selon lequel une alimentation saine est inaccessible. S'il est vrai que certains produits spéciaux ou superaliments à la mode peuvent être plus chers, les fondements d'un régime nutritif reposent sur des aliments simples et complets qui peuvent être à portée de main.

b. **Le vrai coût de la commodité** : Il est essentiel de reconnaître que, même si les aliments transformés et prêts à consommer peuvent sembler moins chers au départ, ils manquent souvent de nutriments essentiels et peuvent conduire à des problèmes de santé à long terme. En investissant dans des aliments complets et en cuisinant à partir de zéro, vous pouvez donner la priorité à votre santé et économiser à long terme.

Strategies pour bien manger avec un budget limite :

a. **Planification des repas** : Planifier vos repas à l'avance est une stratégie essentielle pour optimiser votre budget. En créant un plan de repas hebdomadaire et une liste de courses, vous pouvez faire des choix réfléchis, éviter les achats impulsifs et réduire le gaspillage alimentaire. Cette approche vous permet également de profiter des soldes et des réductions sur des ingrédients nutritifs.

b. **Embrassez les protéines végétales** : Les protéines d'origine végétale, telles que les légumineuses, les lentilles, les haricots et le tofu, sont une alternative économique à la viande. Elles sont riches en nutriments, offrent de nombreux avantages pour la santé et sont généralement moins chères. Incorporer ces protéines végétales dans vos repas peut vous aider à maîtriser votre budget tout en fournissant les nutriments essentiels.

c. **Achetez en gros** : L'achat de produits de base en gros peut entraîner des économies considérables à long terme. Des produits tels que les céréales, les haricots, les noix et les graines peuvent être achetés en plus grandes quantités, réduisant le coût par portion. Utilisez des techniques de conservation appropriées pour maintenir la fraîcheur et la qualité de ces produits en vrac.

d. **Achetez des produits de saison et locaux** : Les produits de saison ont tendance à être plus abordables, car ils sont abondants et ne nécessitent pas de coûts de transport élevés. En achetant des fruits et légumes de saison, vous pouvez profiter de leur saveur optimale, de leur valeur nutritionnelle et de leur abordabilité. Envisagez de visiter les marchés agricoles locaux ou de participer à un programme d'agriculture soutenue par la communauté (CSA) pour accéder à des produits frais et locaux à des prix compétitifs.

e. **Cuisinez à la maison** : Préparer vos repas à partir de zéro n'est pas seulement plus sain, mais aussi plus économique. En préparant vos repas, vous contrôlez les ingrédients et pouvez éviter les aliments préemballés coûteux. Expérimentez de nouvelles recettes, explorez différentes cuisines et utilisez des ingrédients économiques pour créer des repas savoureux et nutritifs à la maison.

f. **Réduisez le gaspillage alimentaire** : Minimiser le gaspillage alimentaire est non seulement responsable sur le plan environnemental, mais aussi avantageux pour votre budget. Soyez créatif dans la réutilisation des restes dans de nouveaux plats, congelez les portions excédentaires pour des repas futurs et utilisez toutes les parties de fruits et légumes. En faisant attention au gaspillage alimentaire, vous pouvez maximiser la valeur de vos achats et réduire les dépenses inutiles.

g. **Collations et plats prêts à consommer fait maison** : Au lieu de vous fier à des en-cas coûteux et des plats prêts à consommer préemballés, envisagez de les préparer à la maison. Les boules énergétiques, les barres de muesli et les mélanges de fruits secs peuvent être facilement préparés avec des ingrédients économiques tels que l'avoine, les noix, les fruits secs et les graines. Non seulement vous économiserez de l'argent, mais vous aurez également un contrôle total sur la qualité et la teneur nutritionnelle de vos en-cas.

h. **Profitez des soldes et des réductions** : Surveillez les soldes, les réductions et les coupons de votre épicerie. En planifiant vos repas en fonction des articles en promotion, vous pouvez réaliser des économies sans compromettre votre alimentation.

Soyez ouvert à essayer de nouveaux ingrédients et recettes en fonction de ce qui est disponible à un prix inférieur.

En intégrant ces stratégies dans votre style de vie, vous pourrez démontrer qu'il est possible de bien manger avec un budget limité et que c'est une approche intelligente et durable de l'alimentation. Rappelez-vous que privilégier votre santé n'a pas nécessairement à coûter cher. Avec une planification minutieuse, des choix judicieux et une touche de créativité, vous pouvez nourrir à la fois votre corps et votre portefeuille.

10 RECETTES DE PETITS DEJEUNERS SAINS ET RAPIDES

L'importance du petit-dejeuner

Le petit-déjeuner est souvent qualifié de repas le plus important de la journée. Ce n'est pas seulement une phrase accrocheuse : il existe des preuves substantielles à l'appui de cette affirmation. Après une longue nuit de jeûne, votre corps a besoin de carburant pour commencer la journée, et le petit-déjeuner fournit l'énergie nécessaire à votre organisme pour fonctionner correctement.

Manger le petit-déjeuner a été lié à de nombreux avantages pour la santé. Tout d'abord, cela peut améliorer vos fonctions cognitives, en augmentant la mémoire et l'attention. Alors, si vous voulez être performant au travail ou à l'école, ne sautez pas le petit-déjeuner !

Deuxièmement, le petit-déjeuner aide à gérer le poids. Ceux qui prennent régulièrement leur petit-déjeuner sont moins susceptibles d'être en surpoids ou obèses. Cela est dû au fait que le petit-déjeuner aide à contrôler la faim tout au long de la journée, évitant de trop manger et de grignoter des aliments malsains.

Troisièmement, le petit-déjeuner est une occasion de fournir à votre corps les nutriments essentiels. Beaucoup de personnes qui sautent le petit-déjeuner ne parviennent pas à récupérer les nutriments perdus. Les aliments du petit-déjeuner, surtout ceux riches en fibres et en protéines, peuvent vous aider à satisfaire vos besoins nutritionnels quotidiens.

Malgré ces avantages, beaucoup de personnes sautent encore le petit-déjeuner, souvent par manque de temps. Mais la bonne nouvelle est qu'un petit-déjeuner nutritif et satisfaisant ne doit pas forcément prendre beaucoup de temps. Dans cette section, nous partagerons 10 recettes pour un petit-déjeuner sain et rapide. Non seulement elles sont délicieuses, mais elles peuvent aussi être préparées en seulement 10 minutes ou moins. Et la meilleure partie ? Chaque recette est riche en ingrédients sains qui nourrissent votre corps et vous laissent satisfait tout au long de la matinée. Que vous soyez fan de petits-déjeuners sucrés ou salés, vous trouverez certainement quelque chose à votre goût. Alors, redonnons ses lettres de noblesse au petit-déjeuner et commençons bien la journée !

10 recettes pour des petits-dejeuners sains et rapides

Pudding de Chia pour la nuit

Un délicieux mélange de graines de chia, de lait d'amande et de fruits frais : Ce pudding est une façon riche en fibres et en protéines de commencer la journée.

Ingredients :

- **a.** 3 cuillères à soupe de graines de chia
- **b.** 250g de lait d'amande
- **c.** 1 cuillère à soupe de miel ou de sirop d'érable
- **d.** Fruits frais pour la garniture (par exemple, baies, banane, kiwi)

Instructions :

1. Mélangez les graines de chia, le lait d'amande et le miel dans un bocal. Mélangez bien pour vous assurer qu'il n'y a pas de grumeaux.
2. Couvrez le bocal et placez-le au réfrigérateur toute la nuit.
3. Le matin, remuez bien le pudding. Si nécessaire, ajoutez plus de lait d'amande pour atteindre la consistance désirée.
4. Recouvrez de fruits frais et savourez.

250 kcal

10 minutes (plus une nuit de repos)

Difficulté 1/5

Végétarien - Végétalien

Smoothie a la banane et aux fruits rouges

Ce smoothie combine la douceur naturelle des bananes et des fruits rouges avec un yaourt grec riche en protéines pour un petit-déjeuner rapide et facile à emporter.

Ingredients :

- 1 banane mûre
- 250g de fruits rouges mélangés (frais ou congelés)
- 120g de yaourt grec
- 120ml de lait d'amande
- 1 cuillère à soupe de miel (facultatif)

Instructions :

1. Mettez tous les ingrédients dans un mixeur.
2. Mixez jusqu'à obtenir une consistance homogène et crémeuse.
3. Versez dans un verre ou une bouteille à emporter et dégustez.

300 kcal

5 minutes

Difficulté 1/5

Végétarien - NON Végétalien (peut être rendu végétalien avec du yaourt sans produits laitiers)

Tofu brouille sur pain grille

Cette alternative végane aux œufs brouillés est riche en protéines végétales et constitue un délicieux moyen de commencer la journée.

Ingredients :

- 200g de tofu ferme
- 2 tranches de pain complet
- 1/2 cuillère à café de curcuma
- 2 cuillères à soupe de lait
- Sel et poivre au goût
- Huile d'olive pour la cuisson
- Herbes fraîches pour garnir (par exemple, ciboulette, persil) ou des germes

Instructions :

1. Égouttez le tofu et émiettez-le dans un bol.
2. Chauffez un peu d'huile d'olive dans une poêle à feu moyen.
3. Ajoutez le tofu émietté dans la poêle, assaisonnez avec le curcuma, le lait, le sel et le poivre, et mélangez.
4. Faites cuire pendant environ 5 minutes, en remuant de temps en temps.
5. Pendant que le tofu cuit, faites griller le pain.
6. Recouvrez les toasts avec le tofu brouillé, garnissez d'herbes fraîches et dégustez !

350 kcal

10 minutes

Difficulté 2/5

Végétarien - Végétalien

Piadina rapide à l'avocat et aux œufs

Cette piadina riche en protéines combine de l'avocat crémeux, des œufs brouillés et des légumes frais pour un petit-déjeuner satisfaisant et nourrissant.

Ingredients :

- 1 grande piadina complète
- 2 œufs brouillés
- 1/2 avocat, en tranches
- Une poignée de jeunes pousses d'épinards
- Des tranches de tomate
- Sel et poivre au goût

Instructions :

1. Chauffez une poêle antiadhésive à feu moyen et brouillez les œufs.
2. Chauffez la piadina dans une autre poêle ou au micro-ondes pendant quelques secondes.
3. Répartissez les œufs brouillés sur la piadina.
4. Ajoutez les tranches d'avocat, les jeunes pousses d'épinards et les tranches de tomate.
5. Assaisonnez avec du sel et du poivre.
6. Roulez la piadina en wrap et dégustez !

350 kcal

10 minutes

Difficulté 2/5

Végétarien - NON Végétalien (contient des œufs)

Delicieuse Avoine Nocturne aux Fruits Rouges Melanges

Préparez ce petit-déjeuner délicieux et riche en fibres la veille au soir, pour pouvoir le saisir rapidement le matin.

Ingredients :

- 120g d'avoine
- 120g de lait d'amande
- 1 cuillère à soupe de graines de chia
- 1 cuillère à soupe de miel ou de sirop d'érable
- Une poignée de fruits rouges mélangés (par exemple, myrtilles, framboises, fraises)

Instructions :

1. Dans un bocal ou un récipient, mélangez l'avoine, le lait d'amande, les graines de chia et le sucrant.
2. Remuez bien pour bien mélanger tous les ingrédients.
3. Couvrez le bocal et placez-le au réfrigérateur toute la nuit.
4. Le matin, remuez bien et complétez avec des fruits rouges mélangés.
5. Dégustez-le froid ou réchauffez-le pour un petit-déjeuner chaud.

300 kcal

5 minutes (plus une nuit de repos)

Difficulté 1/5

Végétarien - Végétalien

Yaourt grec au miel et aux noix

Ce petit-déjeuner simple mais satisfaisant combine le yaourt grec riche en protéines avec la douceur naturelle du miel et le croquant des noix.

Ingredients :

- 250g de yaourt grec
- 1 cuillère à soupe de miel
- Une poignée de noix hachées

Instructions :

1. Versez le yaourt grec dans un bol.
2. Répartissez le miel sur le yaourt.
3. Saupoudrez de noix hachées.
4. Mélangez le tout, ou dégustez les couches séparément.

250 kcal

2 minutes

Difficulté 1/5

Végétarien - NON végétalien (contient des produits laitiers)

Toast a l'avocat ecrase avec des tomates cerises

Ce petit-déjeuner tendance n'est pas seulement visuellement attrayant, mais il est aussi riche en bons gras, en fibres et en vitamines.

Ingredients :

- 2 tranches de pain complet grillé
- 1 avocat mûr, écrasé
- Des tomates cerises coupées en deux
- Jus de citron frais
- Piment rouge (facultatif)
- Sel et poivre au goût

Instructions :

1. Écrasez l'avocat dans un bol et assaisonnez-le avec du sel, du poivre et un filet de jus de citron frais.
2. Étalez la purée d'avocat uniformément sur les tranches de pain grillé.
3. Disposez les moitiés de tomates cerises sur l'avocat.
4. Saupoudrez de piment rouge, si désiré, pour un petit plus.
5. Savourez ce petit-déjeuner simple mais délicieux !

300 kcal

5 minutes

Difficulté 3/5

Végétarien - Végétalien

Bol de petit-dejeuner a base de quinoa et de fruits

Commencez votre journée avec un bol de quinoa riche en protéines et en nutriments, garni de différents types de fruits frais.

Ingredients :

- 120g de quinoa cuit
- Assortiment de fruits frais (par exemple, banane en rondelles, baies, mangue en dés)
- 1 cuillère à soupe de miel ou de sirop d'érable
- Une pincée de noix ou de graines préférées (facultatif)

Instructions :

1. Dans un bol, mélangez le quinoa cuit et les fruits frais.
2. Assaisonnez avec du miel ou du sirop d'érable pour une touche de douceur supplémentaire.
3. Saupoudrez de noix ou de graines pour une texture et une nutrition supplémentaires.
4. Mélangez bien et savourez ce petit-déjeuner rafraîchissant et satisfaisant.

300 kcal

5 minutes

Difficulté 1/5

Végétarien - Végétalien

Piadina pour le petit-dejeuner farcie aux epinards et a la feta

Cette piadina salée pour le petit-déjeuner se distingue par les saveurs des épinards sautés et du fromage feta piquant, le tout enveloppé dans une piadina complète.

Ingredients :

- 2 grandes piadinas complètes
- Une poignée de jeunes pousses d'épinards
- 30g de feta émiettée
- Huile d'olive pour la cuisson
- Sel et poivre au goût

Instructions :

1. Chauffez une poêle antiadhésive à feu moyen.
2. Ajoutez un peu d'huile d'olive et mettez les feuilles d'épinards. Faites-les sauter jusqu'à ce qu'elles soient flétries.
3. Placez une piadina dans la poêle et saupoudrez-la de la moitié du fromage feta.
4. Répartissez les épinards sautés uniformément sur le fromage.
5. Ajoutez le reste du fromage feta et assaisonnez avec une pincée de sel et de poivre.
6. Couvrez avec la seconde piadina.
7. Faites cuire quelques minutes de chaque côté jusqu'à ce que les piadinas soient légèrement dorées et que le fromage soit fondu.
8. Coupez en parts et servez cette délicieuse et savoureuse piadina pour le petit-déjeuner.

350 kcal

10 minutes

Difficulté 2/5

Végétarien - NON Végétalien (contient des produits laitiers)

Pancakes complets au beurre de cacahuete et a la banane

Offrez-vous ces pancakes moelleux et nutritifs qui allient la combinaison classique de beurre de cacahuète et de banane.

Ingredients :

- 250g de préparation pour pancakes complets
- 1 banane mûre, écrasée
- 1 cuillère à soupe de beurre de cacahuète naturel
- De l'eau ou du lait, si nécessaire pour obtenir la consistance de la pâte à pancakes

Instructions :

1. Dans un bol, mélangez la préparation pour pancakes, la banane écrasée et le beurre de cacahuète.
2. Ajoutez progressivement de l'eau ou du lait, en mélangeant jusqu'à obtenir une consistance homogène de la pâte.
3. Chauffez une poêle antiadhésive ou une plaque à feu moyen.
4. Versez la pâte dans la poêle, en formant des pancakes de petite ou moyenne taille.
5. Faites cuire jusqu'à ce que des bulles se forment en surface, puis retournez-les et laissez cuire jusqu'à ce qu'elles soient dorées.
6. Servez les pancakes au beurre de cacahuète et à la banane avec des tranches de banane supplémentaires et un filet de sirop d'érable, si désiré.

350 kcal

10 minutes

Difficulté 2/5

Végétarien - NON Végétalien (utilise un mélange à crêpes à base de plantes)

Profitez de ces délicieuses et nutritives recettes de petit-déjeuner pour commencer la journée de manière saine !

DEJEUNERS SAINS ET COMPLETS EN SEULEMENT 10 MINUTES

Les avantages d'apporter des repas faits maison au travail

Dans le monde trépidant où nous vivons, la commodité prend souvent le dessus sur la nutrition. Les fast-foods et les repas à emporter sont devenus la norme pour de nombreux travailleurs. Cependant, bien que ces options puissent faire gagner du temps, elles peuvent avoir un effet négatif sur votre santé à long terme.

C'est là qu'intervient l'importance des repas faits maison. Préparer et apporter vos propres repas au travail peut nécessiter une certaine planification et un certain effort, mais les avantages en valent certainement la peine. Voici quelques raisons :

Contrôle nutritionnel : Lorsque vous cuisinez vos propres repas, vous avez un contrôle total sur ce que contient votre nourriture. Cela vous permet de faire des choix plus sains, comme utiliser des céréales complètes au lieu de raffinées ou opter pour des protéines maigres et beaucoup de légumes. De plus, vous pouvez gérer les portions et éviter les portions trop généreuses souvent trouvées dans les restaurants et les fast-foods.

Économisez de l'argent : Manger à l'extérieur tous les jours peut faire grimper les coûts. En revanche, cuisiner à la maison est beaucoup plus économique. Même si certains ingrédients peuvent sembler coûteux au début, n'oubliez pas qu'ils peuvent être utilisés pour plusieurs repas, réduisant ainsi le coût par repas.

Sécurité alimentaire : Avec les repas faits maison, vous contrôlez la sécurité alimentaire. Vous pouvez vous assurer que la nourriture est stockée et cuisinée correctement, réduisant le risque de maladies d'origine alimentaire.

Variété : Manger à l'extérieur tous les jours peut devenir répétitif, et beaucoup de personnes se retrouvent coincées dans une routine de repas toujours identiques. Cuisiner à la maison vous permet d'explorer différentes recettes et cuisines, apportant de la variété à votre alimentation et rendant vos repas plus intéressants.

Meilleur pour l'environnement : Apporter vos repas dans des contenants réutilisables réduit la quantité de plastique à usage unique et d'autres matériaux d'emballage couramment associés à la nourriture à emporter.

Contrôle des portions : Les restaurants et les chaînes de fast-food servent souvent des portions beaucoup plus grandes que nécessaire. Lorsque vous préparez vos propres repas, vous pouvez mieux contrôler la taille des portions pour les aligner sur vos besoins nutritionnels.

Maintenant que nous avons souligné les avantages des repas faits maison, nous partagerons également dans cette partie quelques recettes rapides et nutritives que vous pouvez préparer en seulement 10 minutes. Ces recettes ne sont pas seulement délicieuses, mais aussi riches en nutriments pour vous donner l'énergie nécessaire pendant votre journée de travail.

Salade de quinoa a l'avocat et au poulet grille

Cette salade rafraîchissante est riche en protéines maigres et en bonnes graisses qui vous garderont rassasié tout au long de la journée de travail.

Ingredients :

- 250g de quinoa cuit
- 1 blanc de poulet grillé, tranché
- 1 avocat mûr, coupé en dés
- Une poignée de tomates cerises, coupées en deux
- Une poignée de feuilles de salade mélangées
- Jus de 1 citron
- Huile d'olive, sel et poivre au goût

Instructions :

1. Dans un grand bol, mélangez le quinoa cuit, les tranches de poulet, l'avocat en dés, les tomates cerises et les feuilles de salade mélangées.
2. Pressez le jus de citron sur la salade, arrosez d'huile d'olive et assaisonnez avec du sel et du poivre.
3. Mélangez bien jusqu'à ce que le tout soit uniformément enrobé.
4. Transférez la salade dans un contenant pour le déjeuner ou servez-la immédiatement.

400 kcal

10 minutes

Difficulté 2/5

NON Végétarien - NON Végétalien (peut être rendu végétalien en remplaçant le poulet par du tofu ou du tempeh)

Ragout d'epinards et de pois chiches

Ce ragoût copieux est riche en fibres et en protéines, ce qui en fait une excellente option pour un déjeuner végétarien.

Ingredients :

- 420g de pois chiches rincés et égouttés
- 100g d'épinards frais
- 400g de tomates en dés
- 1 oignon, haché
- 2 gousses d'ail hachées
- 2 cuillères à soupe d'huile d'olive
- Sel, poivre et piment de Cayenne au goût

Instructions :

1. Dans une grande poêle, chauffez l'huile d'olive à feu moyen. Ajoutez l'oignon haché et l'ail haché et faites-les revenir jusqu'à ce qu'ils soient tendres.
2. Ajoutez les tomates en dés et les pois chiches dans la poêle et assaisonnez avec du sel, du poivre et du piment de Cayenne.
3. Laissez mijoter le mélange pendant environ 5 minutes, puis ajoutez les épinards frais. Remuez jusqu'à ce que les épinards soient flétris.
4. Retirez le ragoût du feu et transférez-le dans un contenant pour le déjeuner ou servez-le immédiatement.

300 kcal

10 minutes

Difficulté 2/5

Végétarien - Végétalien

Piadina au thon et a l'avocat

Cette délicieuse piadina est riche en acides gras oméga-3 et en graisses saines. C'est un déjeuner facile et rapide que vous pouvez également savourer en déplacement.

Ingredients :

- 1 boîte de thon à l'eau, égouttée
- 1 avocat mûr, écrasé
- 1 piadina complète
- Une poignée de feuilles de laitue
- 1 cuillère à soupe de mayonnaise ou de yaourt grec
- Sel et poivre au goût

Instructions :

1. Dans un bol, mélangez le thon égoutté avec l'avocat écrasé et la mayonnaise ou le yaourt grec. Assaisonnez avec du sel et du poivre.
2. Étalez le mélange de thon et d'avocat sur la piadina complète.
3. Recouvrez de feuilles de laitue.
4. Roulez la piadina pour former un wrap.
5. Coupez la piadina en deux et placez-la dans un contenant pour le déjeuner, ou dégustez-la immédiatement.

400 kcal

10 minutes

Difficulté 1/5

PAS Végétarien - PAS Végétalien (peut être préparé avec du tofu ou un substitut de protéines d'origine végétale)

Salade de couscous mediterraneen

Riche en légumes frais, couscous complet et pois chiches protéinés, cette salade méditerranéenne est aussi savoureuse que saine.

Ingredients :

- 250g de couscous cuit
- 250g de tomates cerises coupées en deux
- 1 concombre, coupé en dés
- 120g d'olives Kalamata, coupées en deux
- 120g de pois chiches
- 20g de feta émiettée
- 2 cuillères à soupe d'huile d'olive
- Jus de 1 citron
- Sel et poivre au goût

Instructions :

1. Dans un grand bol, mélangez le couscous cuit, les tomates cerises, le concombre, les olives, les pois chiches et la feta.
2. Dans un autre bol, fouettez ensemble l'huile d'olive, le jus de citron, le sel et le poivre pour créer la vinaigrette.
3. Versez la vinaigrette sur la salade et mélangez bien.
4. Servez immédiatement ou conservez dans un contenant pour le déjeuner pour une utilisation ultérieure.

350 kcal

10 minutes

Difficulté 2/5

Végétarien - NON Végétalien (contient des produits laitiers)

Brochettes de dinde et legumes grilles

Ces brochettes colorées et savoureuses sont une excellente source de protéines maigres et de vitamines essentielles.

Ingredients :

- 1 blanc de dinde, coupé en dés
- Légumes assortis (par exemple, poivrons, courgettes, tomates cerises)
- Huile d'olive
- Sel et poivre
- Brochettes (en bois ou en métal)

Instructions :

1. Préchauffez le grill ou la poêle à feu moyen.
2. Enfilez les dés de dinde et les légumes sur les brochettes.
3. Badigeonnez les brochettes d'un peu d'huile d'olive et assaisonnez-les de sel et de poivre.
4. Faites griller les brochettes pendant environ 10 minutes, en les retournant de temps en temps, jusqu'à ce que la dinde soit cuite et que les légumes soient tendres.
5. Laissez refroidir avant de les mettre dans un contenant pour le déjeuner, ou servez-les immédiatement.

300 kcal

10 minutes (plus de temps de grillade)

Difficulté 2/5

NON Végétarien - NON Végétalien

Pates completes a l'huile d'olive et a l'ail

Ce plat simple mais délicieux est riche en fibres et en saveur.

Ingredients :

- 250g de pâtes complètes cuites
- 2 gousses d'ail, hachées
- 2 cuillères à soupe d'huile d'olive
- Sel, poivre ou piment de Cayenne au goût
- Parmesan fraîchement râpé (facultatif)

Instructions :

1. Chauffez l'huile d'olive dans une poêle à feu moyen.
2. Ajoutez l'ail haché et faites-le revenir jusqu'à ce qu'il soit doré.
3. Ajoutez les pâtes cuites à la poêle et faites-les sauter pour bien les mélanger.
4. Assaisonnez avec du sel et du poivre et saupoudrez de parmesan, si désiré.
5. Mettez dans un contenant pour le déjeuner ou servez immédiatement.

400 kcal

10 minutes

Difficulté 1/5

Végétarien - NON Végétalien (contient des produits laitiers)

Salade grecque au poulet grille

Une salade rafraîchissante avec du poulet grillé juteux, parfaite pour un déjeuner estival.

Ingredients :

- 1 blanc de poulet grillé, tranché
- 1 concombre, coupé en dés
- 1 tomate, coupée en dés
- 1/2 oignon rouge, tranché
- 30g d'olives Kalamata
- 30g de feta émiettée
- 2 cuillères à soupe d'huile d'olive
- 1 cuillère à soupe de vinaigre de vin rouge
- Sel et poivre au goût

Instructions :

1. Dans un grand bol, mélangez le poulet, le concombre, la tomate, l'oignon rouge, les olives et la feta.
2. Dans un autre bol, fouettez ensemble l'huile d'olive, le vinaigre de vin rouge, le sel et le poivre pour créer la vinaigrette.
3. Versez la vinaigrette sur la salade et mélangez pour bien l'incorporer.
4. Servez immédiatement ou mettez dans un contenant pour le déjeuner pour une utilisation ultérieure.

350 kcal

10 minutes

Difficulté 2/5

NON Végétarien - NON Végétalien

Riz complet saute aux legumes

Ce sauté coloré est riche en fibres et en vitamines grâce aux légumes mélangés.

Ingredients :

- 250g de riz complet cuit
- 250g de légumes variés (comme des poivrons, des brocolis, des carottes), coupés en morceaux
- 1 cuillère à soupe de sauce soja
- 1 cuillère à soupe d'huile de sésame
- Sel et poivre au goût

Instructions :

1. Chauffez l'huile de sésame dans une poêle à feu moyen.
2. Ajoutez les légumes coupés et faites-les sauter jusqu'à ce qu'ils soient tendres.
3. Ajoutez le riz complet cuit et la sauce soja, puis mélangez bien pour combiner le tout.
4. Assaisonnez avec du sel et du poivre et servez.

300 kcal

10 minutes

Difficulté 2/5

Végétarien - Végétalien

Salade de crevettes et d'avocat

Cette salade simple mais rassasiante combine la fraîcheur des crevettes et de l'avocat avec une vinaigrette aux agrumes.

Ingredients :

- 250g de petites crevettes cuites, décortiquées et déveinées
- 1 avocat mûr, coupé en tranches
- 100g de salade mixte
- Jus de 1 citron
- 2 cuillères à soupe d'huile d'olive
- Sel et poivre au goût

Instructions :

1. Dans un grand bol, mélangez les crevettes, l'avocat et la salade.
2. Dans un petit bol à part, fouettez ensemble le jus de citron, l'huile d'olive, le sel et le poivre pour créer la vinaigrette.
3. Versez la vinaigrette sur la salade et mélangez délicatement pour bien l'incorporer.
4. Servez immédiatement ou mettez dans un contenant pour le déjeuner.

350 kcal

10 minutes

Difficulté 1/5

NON Végétarien - NON Végétalien

Curry de pois chiches vegan rapide

Un curry copieux et savoureux, facile à préparer et riche en protéines végétales.

Ingredients :

- 420g de pois chiches (environ 200g), égouttés et rincés
- 400g de tomates en dés
- 1 oignon, coupé en dés
- 2 gousses d'ail, hachées
- 1 cuillère à soupe de curry en poudre
- 1 cuillère à soupe d'huile de coco
- Sel et poivre au goût

Instructions :

1. Chauffez l'huile de coco dans une poêle à feu moyen.
2. Ajoutez l'oignon et l'ail coupés en dés et faites-les revenir jusqu'à ce qu'ils commencent à ramollir.
3. Ajoutez la poudre de curry et faites cuire pendant une minute supplémentaire.
4. Incorporez les tomates et les pois chiches en dés et laissez mijoter environ 5 minutes jusqu'à ce qu'ils soient bien réchauffés.
5. Assaisonnez avec du sel et du poivre et, si vous le souhaitez, servez-le sur du riz complet.

300 kcal

10 minutes

Difficulté 2/5

Végétarien - Végétalien

Tofu brouille aux legumes varies

Une alternative végane aux œufs brouillés, ce scramble de tofu est riche en protéines et en légumes.

Ingredients :

- 200g de tofu ferme, émietté
- 250g de légumes variés (comme des poivrons, des oignons, des tomates), hachés
- 1/2 cuillère à café de curcuma
- 1 cuillère à soupe d'huile d'olive
- Sel et poivre au goût

Instructions :

1. Chauffez l'huile d'olive dans une poêle à feu moyen.
2. Ajoutez les légumes hachés et faites-les sauter jusqu'à ce qu'ils soient tendres.
3. Ajoutez le tofu émietté et le curcuma, et mélangez bien pour combiner le tout.
4. Faites cuire pendant 5 minutes supplémentaires, puis assaisonnez avec du sel et du poivre.
5. Servez chaud.

300 kcal

10 minutes

Difficulté 2/5

Végétarien - Végétalien

Sandwich au dinde et a l'avocat

Un sandwich riche en protéines maigres avec de l'avocat crémeux et des légumes frais et croquants.

Ingredients :

- 2 tranches de pain complet
- 4 tranches de dinde
- 1/2 avocat, en tranches
- Laitue
- Tranches de tomate
- 1 cuillère à soupe de moutarde

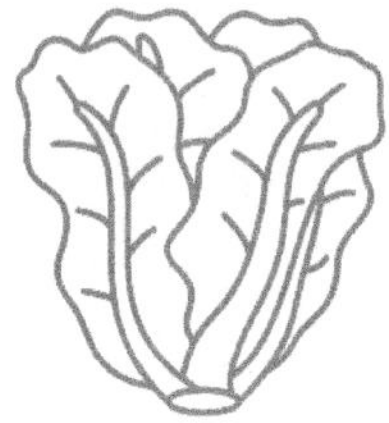

Instructions :

1. Disposez la dinde, l'avocat, la laitue et les tranches de tomate entre les deux tranches de pain.
2. Étalez la moutarde sur un côté du pain.
3. Coupez le sandwich en deux et servez-le.

350 kcal

10 minutes

Difficulté 1/5

NON Végétarien - NON Végétalien

Saumon grille avec quinoa et legumes

Saumon riche en Oméga-3 servi avec du quinoa riche en protéines et des légumes assortis.

Ingredients :

- 1 filet de saumon
- 120g de quinoa cuit
- 250g de légumes variés (comme des poivrons, des courgettes, des carottes), coupés en morceaux
- 1 cuillère à soupe d'huile d'olive
- Sel et poivre au goût

Instructions :

1. Grillez le saumon jusqu'à obtenir la cuisson désirée.
2. Dans une autre poêle, faites sauter les légumes dans l'huile d'olive jusqu'à ce qu'ils deviennent tendres.
3. Servez le saumon grillé accompagné de quinoa et de légumes sautés.

400 kcal

10 minutes (si le quinoa est précuit)

Difficulté 2/5

NON Végétarien - NON Végétalien

Piadina vegetarienne avec piadina de ble complet

Un repas léger et rafraîchissant, riche en fibres et en vitamines grâce aux légumes variés.

Ingredients :

- 2 piadinas de blé complet
- 120g de houmous
- Légumes assortis (comme la laitue, des poivrons en tranches, des concombres et des carottes râpées)
- Sel et poivre au goût

Instructions :

1. Étalez le houmous sur chaque piadina.
2. Disposez les légumes sur le houmous et assaisonnez avec du sel et du poivre.
3. Roulez les piadinas, coupez-les en deux et servez-les.

300 kcal

10 minutes

Difficulté 1/5

Végétarien - Végétalien

Salade de quinoa a la mexicaine

Une salade copieuse riche en protéines, fibres et variée en couleurs et saveurs.

Ingredients :

- 250g de quinoa cuit
- 120g de haricots noirs, rincés et égouttés
- 120g de grains de maïs
- 120g de tomates en dés
- 1/2 avocat, coupé en dés
- 1/2 citron vert, pressé
- 1 cuillère à soupe d'huile d'olive
- Sel et poivre au goût

Instructions :

1. Dans un grand bol, mélangez le quinoa, les haricots noirs, le maïs, les tomates et l'avocat.
2. Dans un petit bol à part, fouettez ensemble le jus de citron vert, l'huile d'olive, le sel et le poivre pour créer la vinaigrette.
3. Versez la vinaigrette sur la salade et mélangez délicatement pour bien l'incorporer.
4. Servez immédiatement ou conservez au réfrigérateur jusqu'au moment de servir.

350 kcal

10 minutes (si le quinoa est précuit)

Difficulté 1/5

Végétarien - Végétalien

Crevettes et asperges sautees a la poele

Un déjeuner rapide et savoureux riche en protéines avec une touche de citron et d'ail.

Ingredients :

- 200g de petites crevettes, décortiquées et déveinées
- Une botte d'asperges, nettoyées et coupées en morceaux
- 2 cuillères à soupe d'huile d'olive
- 1 gousse d'ail hachée
- 1/2 citron, pressé
- Sel et poivre au goût

Instructions :

1. Chauffez l'huile d'olive dans une poêle à feu moyen. Ajoutez l'ail et faites-le revenir jusqu'à ce qu'il devienne parfumé.
2. Ajoutez les crevettes et les asperges et faites cuire jusqu'à ce que les crevettes deviennent roses et les asperges tendres.
3. Assaisonnez avec le jus de citron, salez et poivrez, puis servez.

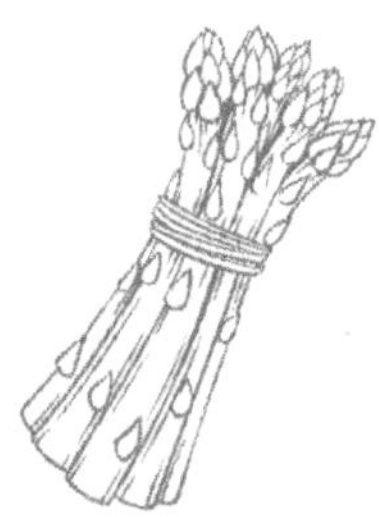

300 kcal

10 minutes

Difficulté 2/5

NON Végétarien - NON Végétalien

Salade caprese a l'avocat

Une salade fraîche et légère, facile à préparer et riche en bons gras.

Ingredients :

- 1 avocat mûr, pelé et coupé en tranches
- 1 tomate mûre, coupée en tranches
- 125g de mozzarella fraîche en tranches
- Feuilles de basilic frais
- 2 cuillères à soupe de glace balsamique
- Sel et poivre au goût

Instructions :

1. Disposez l'avocat, la tomate, la mozzarella et les feuilles de basilic sur une assiette.
2. Assaisonnez avec la glace balsamique, ajustez le sel et le poivre, et servez.

400 kcal

10 minutes

Difficulté 1/5

Végétarien - PAS Végétalien (peut être rendu végétalien en remplaçant la mozzarella par du fromage végétalien)

Brocolis et thon sautes a la poele

Un sauté simple et riche en protéines, plein de saveurs et de nutriments.

Ingredients :

- 1 boîte de thon, égoutté
- 100g de fleurettes de brocolis
- 1 cuillère à soupe d'huile d'olive
- 1 gousse d'ail hachée
- Sauce soja au goût
- Graines de sésame pour garnir

Instructions :

1. Chauffez l'huile d'olive dans une poêle à feu moyen, ajoutez l'ail et faites-le revenir jusqu'à ce qu'il devienne parfumé.
2. Ajoutez les brocolis et faites-les cuire jusqu'à ce qu'ils deviennent d'un vert éclatant et soient tendres mais encore croquants.
3. Incorporez le thon et la sauce soja et faites cuire pendant 2-3 minutes supplémentaires.
4. Parsemez de graines de sésame et servez.

350 kcal

10 minutes

Difficulté 2/5

NON Végétarien - NON Végétalien

Burrito aux patates douces et haricots noirs

Une option pour un déjeuner copieux et délicieux, riche en fibres et en protéines.

Ingredients :

- 2 tortillas de blé complet
- 1 patate douce moyenne, cuite et réduite en purée
- 120g de haricots noirs, rincés et égouttés
- 30g de fromage râpé (facultatif)

Instructions :

1. Étalez la purée de patates douces sur les tortillas.
2. Ajoutez les haricots noirs et le fromage (si utilisé).
3. Roulez les tortillas et faites-les dorer dans une poêle des deux côtés.
4. Coupez en deux et servez.

400 kcal

10 minutes (si la patate douce est précuite)

Difficulté 2/5

Végétarien - Végétalien (si le fromage est omis)

Sandwich vegetarien a l'hummus

Une option de sandwich nutritif et satisfaisant avec des légumes riches en fibres et de l'hummus riche en protéines.

Ingredients :

- 2 tranches de pain complet
- 2 cuillères à soupe d'hummus
- Une poignée de feuilles d'épinards
- 1 petite carotte, râpée
- 2 tranches de concombre
- 2 tranches de tomate
- Sel et poivre au goût

Instructions :

1. Étalez l'hummus sur les deux tranches de pain.
2. Disposez les épinards, les carottes, les concombres et les tomates sur une tranche de pain. Assaisonnez de sel et de poivre.
3. Ajoutez l'autre tranche de pain, appuyez légèrement, coupez en deux et servez.

300 kcal

10 minutes

Difficulté 1/5

Végétarien - Végétalien

Crevettes à l'ail, au citron et quinoa

Un déjeuner rapide et délicieux, riche en protéines et plein de saveurs.

Ingredients :

- 200g de petites crevettes décortiquées et déveinées
- 250g de quinoa cuit
- 2 cuillères à soupe d'huile d'olive
- 1 gousse d'ail hachée
- 1/2 citron, pressé
- Sel et poivre au goût
- Persil frais pour garnir

Instructions :

1. Chauffez l'huile d'olive dans une poêle à feu moyen. Ajoutez l'ail et faites-le revenir jusqu'à ce qu'il devienne parfumé.
2. Ajoutez les crevettes et faites-les cuire jusqu'à ce qu'elles deviennent roses, environ 2-3 minutes de chaque côté.
3. Assaisonnez avec le jus de citron, salez et poivrez, puis ajoutez le quinoa cuit.
4. Garnissez de persil frais et servez.

400 kcal

10 minutes

Difficulté 2/5

NON Végétarien - NON Végétalien

Saute de legumes et tofu avec riz complet

Un déjeuner copieux et rassasiant, riche en couleurs et en saveurs.

Ingredients :

- 200g de tofu ferme, coupé en dés
- 250g de riz complet cuit
- 1 poivron, coupé en lamelles
- 1 carotte, coupée en lamelles
- Une poignée de fleurettes de brocoli
- 2 cuillères à soupe de sauce soja
- 1 cuillère à soupe d'huile d'olive
- Graines de sésame pour garnir

Instructions :

1. Chauffez l'huile d'olive dans une poêle à feu moyen. Ajoutez le tofu et faites-le cuire jusqu'à ce qu'il soit doré.
2. Ajoutez les poivrons, les carottes et les brocolis, et faites-les sauter jusqu'à ce que les légumes soient tendres.
3. Incorporez la sauce soja et le riz complet cuit.
4. Garnissez de graines de sésame et servez.

450 kcal

10 minutes

Difficulté 2/5

Végétarien - Végétalien

Poulet et legumes au balsamique

Un plat facile et sain qui combine des protéines maigres et des légumes colorés assaisonnés avec du vinaigre balsamique.

Ingredients :

- 1 blanc de poulet
- 250g de légumes variés (poivrons, brocolis, carottes)
- 2 cuillères à soupe de vinaigre balsamique
- 1 cuillère à soupe d'huile d'olive
- Sel et poivre au goût

Instructions :

1. Chauffez l'huile d'olive dans une poêle à feu moyen. Ajoutez le blanc de poulet et faites-le cuire jusqu'à ce qu'il ne soit plus rose.
2. Ajoutez les légumes variés, le vinaigre balsamique, le sel et le poivre. Faites cuire jusqu'à ce que les légumes soient tendres.
3. Servez chaud, en ajoutant plus de vinaigre balsamique selon votre goût.

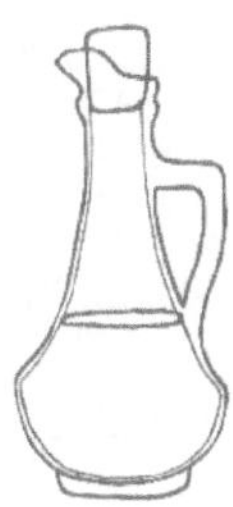

350 kcal

10 minutes

Difficulté 2/5

NON Végétarien - NON Végétalien

Pizza vegetarienne sur une base de cereales completes

Une version plus légère de la pizza, mais toujours riche en saveurs.

Ingredients :

- 1 petite base de pizza complète
- 30g de sauce tomate
- 250g de légumes variés (poivrons, champignons, épinards, olives)
- 120g de mozzarella râpée
- Sel et herbes aromatiques au goût

Instructions :

1. Préchauffez le four selon les instructions sur l'emballage de la base de pizza. Étalez la sauce tomate sur la base de la pizza.
2. Répartissez les légumes variés sur la sauce. Complétez avec la mozzarella râpée.
3. Assaisonnez avec du sel et des herbes. Enfournez selon les instructions sur l'emballage de la base de pizza.
4. Coupez en tranches et servez.

300 kcal

10 minutes

Difficulté 1/5

Végétarien - NON Végétalien

Sandwich a la salade de poulet au yaourt grec

Un sandwich riche en protéines avec une touche épicée.

Ingredients :

- 1 blanc de poulet, cuit et émietté
- 30g de yaourt grec
- 2 tranches de pain complet
- 1 branche de céleri, coupée en dés
- 1/2 pomme, coupée en dés
- Sel et poivre au goût

Instructions :

1. Dans un bol, mélangez le poulet émietté, le yaourt grec, le céleri en dés et la pomme. Assaisonnez de sel et de poivre.
2. Étalez le mélange de salade de poulet sur une tranche de pain. Ajoutez la deuxième tranche.
3. Coupez en deux et servez.

350 kcal

10 minutes

Difficulté 1/5

NON Végétarien - NON Végétalien

Chou-fleur frit rapide

Une alternative faible en glucides et riche en légumes au traditionnel riz frit.

Ingredients :

- 250g de chou-fleur râpé
- 120g de légumes variés (petits pois, carottes, ciboulettes)
- 1 œuf
- 2 cuillères à soupe de sauce soja
- 1 cuillère à soupe d'huile d'olive

Instructions :

1. Chauffez l'huile d'olive dans une poêle à feu moyen. Ajoutez le chou-fleur et faites-le cuire jusqu'à ce qu'il soit tendre.
2. Poussez le chou-fleur sur un côté de la poêle. Cassez l'œuf de l'autre côté et brouillez-le.
3. Mélangez l'œuf avec le chou-fleur. Ajoutez les légumes et la sauce soja, et mélangez bien.
4. Servez chaud.

250 kcal

10 minutes

Difficulté 2/5

NON Végétarien - NON Végétalien

Poulet teriyaki avec brocolis

Un plat rapide, facile et savoureux à sauter à la poêle.

Ingredients :

- 1 blanc de poulet, coupé en tranches
- 250g de fleurettes de brocolis
- 2 cuillères à soupe de sauce teriyaki
- 1 cuillère à soupe d'huile d'olive

Instructions :

1. Chauffez l'huile d'olive dans une poêle à feu moyen. Ajoutez les tranches de poulet et faites-les cuire jusqu'à ce qu'elles ne soient plus roses.
2. Ajoutez les brocolis et la sauce teriyaki. Mélangez bien pour combiner le tout.
3. Faites cuire jusqu'à ce que les brocolis soient tendres. Servez chaud.

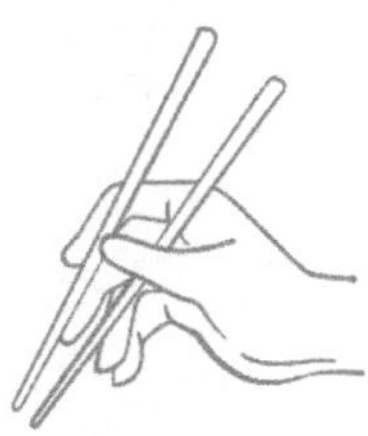

300 kcal

10 minutes

Difficulté 2/5

NON Végétarien - NON Végétalien

Salade de haricots, maïs et avocat

Une salade fraîche et riche en fibres avec une vinaigrette crémeuse à base d'avocat.

Ingredients :

- 120g de haricots noirs cuits
- 120g de maïs cuit
- 1/2 avocat, coupé en dés
- 1/2 tomate, coupée en dés
- 1/4 d'oignon, coupé en dés
- Jus de 1 citron vert
- Sel et poivre au goût

Instructions :

1. Dans un bol, mélangez les haricots noirs, le maïs, l'avocat, la tomate et l'oignon.
2. Arrosez avec le jus de citron vert. Assaisonnez avec du sel et du poivre.
3. Mélangez bien pour combiner le tout. Servez frais.

300 kcal

10 minutes

Difficulté 1/5

Végétarien - Végétalien

Salade de saumon et asperges grilles

Cette salade rafraîchissante est enrichie en acides gras oméga-3 issus du saumon et en vitamines essentielles des asperges.

Ingredients :

- 1 filet de saumon
- 6 asperges
- 100g de salade mixte
- 1 cuillère à soupe d'huile d'olive
- Jus de citron, sel et poivre au goût

Instructions :

1. Grillez le filet de saumon et les asperges jusqu'à ce qu'ils soient cuits à votre convenance.
2. Disposez la salade mixte dans une assiette. Ajoutez le saumon grillé et les asperges.
3. Assaisonnez avec de l'huile d'olive et du jus de citron. Salez et poivrez.
4. Servez immédiatement.

400 kcal

10 minutes

Difficulté 2/5

NON Végétarien - NON Végétalien

Soupe de lentilles vegetarienne

Une soupe réconfortante et riche en nutriments, parfaite pour tous les jours.

Ingredients :

- 120g de lentilles
- 100g de bouillon de légumes
- 1 carotte, hachée
- 1 branche de céleri, hachée
- 1/4 d'oignon, coupé en dés
- 1 gousse d'ail hachée
- Sel et poivre au goût

Instructions :

1. Dans une casserole, mélangez les lentilles, le bouillon de légumes, les carottes, le céleri, l'oignon et l'ail.
2. Portez à ébullition, puis baissez le feu et laissez mijoter jusqu'à ce que les lentilles soient tendres.
3. Assaisonnez avec du sel et du poivre. Servez chaud.

250 kcal

10 minutes

Difficulté 2/5

Végétarien - Végétalien

Poulet au pesto et legumes

Un plat unique facile et délicieux qui combine des protéines maigres, des bons gras pour le cœur et des légumes.

Ingredients :

- 1 blanc de poulet
- 250g de légumes variés (poivrons, courgettes, tomates cerises)
- 2 cuillères à soupe de pesto
- 1 cuillère à soupe d'huile d'olive
- Sel et poivre au goût

Instructions :

1. Chauffez l'huile d'olive dans une poêle à feu moyen. Ajoutez le blanc de poulet et faites-le cuire jusqu'à ce qu'il ne soit plus rose.
2. Ajoutez les légumes variés, le pesto, le sel et le poivre. Mélangez bien pour combiner le tout.
3. Faites cuire jusqu'à ce que les légumes soient tendres. Servez chaud.

350 kcal

10 minutes

Difficulté 2/5

NON Végétarien - NON Végétalien

Tofu et legumes sautes a la poele avec quinoa

Un sauté végan riche en protéines et plein de saveurs.

Ingredients :

- 120g de quinoa cuit
- 200g de tofu, coupé en dés
- 250g de légumes variés (poivrons, brocolis, petits pois)
- 2 cuillères à soupe de sauce soja
- 1 cuillère à soupe d'huile d'olive

Instructions :

1. Chauffez l'huile d'olive dans une poêle à feu moyen. Ajoutez le tofu et faites-le cuire jusqu'à ce qu'il soit doré.
2. Ajoutez les légumes variés et la sauce soja. Faites sauter jusqu'à ce que les légumes soient tendres.
3. Servez le sauté de tofu et légumes sur le quinoa cuit.

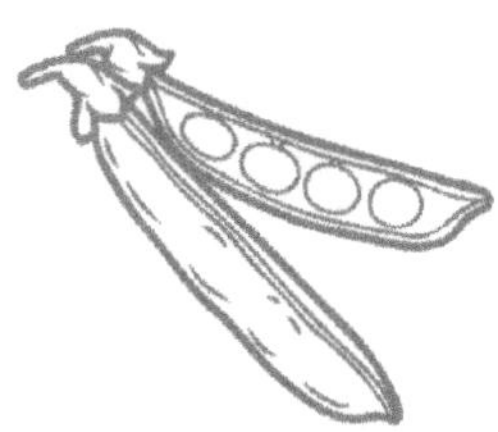

400 kcal

10 minutes

Difficulté 2/5

Végétarien - Végétalien

Salade Cesar au poulet rapide

Cette salade facile et rapide est riche en protéines maigres et en légumes sains.

Ingredients :

- 1 blanc de poulet, grillé et tranché
- 100g de laitue romaine, coupée en morceaux
- 30g de croûtons
- 2 cuillères à soupe de sauce César
- 2 cuillères à soupe de parmesan râpé

Instructions :

1. Dans un bol, mélangez la laitue romaine coupée en morceaux, le poulet grillé en tranches et les croûtons.
2. Assaisonnez le tout avec la sauce César et mélangez bien.
3. Saupoudrez de parmesan râpé et servez.

350 kcal

10 minutes

Difficulté 1/5

NON Végétarien - NON Végétalien

Salade d'epinards, avocat et poulet

Une salade riche en nutriments avec de l'avocat, du poulet riche en protéines et des épinards riches en fer.

Ingredients :

- 1 blanc de poulet, grillé et tranché
- 100g d'épinards frais
- 1 avocat mûr, tranché
- Huile d'olive, jus de citron, sel et poivre au goût

Instructions :

1. Disposez les épinards sur une assiette. Ajoutez les tranches de poulet grillé et l'avocat.
2. Assaisonnez avec de l'huile d'olive et du jus de citron. Salez et poivrez.
3. Mélangez délicatement et servez.

400 kcal

10 minutes

Difficulté 1/5

NON Végétarien - NON Végétalien

Piadina aux pois chiches et legumes

Cette piadina copieuse contient des pois chiches riches en protéines et divers légumes frais et croquants.

Ingredients :

- 1 piadina complète
- 120g de pois chiches cuits
- 30g de concombre, en tranches
- 30g de poivron, coupé en tranches
- 30g de tomate, en tranches
- 30g de laitue
- 2 cuillères à soupe de houmous

Instructions :

1. Étalez le houmous sur la piadina.
2. Disposez les pois chiches, les concombres, les poivrons, les tomates et la laitue sur la piadina.
3. Roulez la piadina, repliez les extrémités et coupez-la en deux avant de servir.

350 kcal

10 minutes

Difficulté 1/5

Végétarien - Végétalien

Soupe de dinde, epinards et quinoa

Une soupe chaude et satisfaisante, riche en protéines maigres, en céréales consistantes et en épinards nutritifs.

Ingredients :

- 120g de quinoa cuit
- 250g de blanc de dinde, cuit et émietté
- 100g d'épinards
- 1L de bouillon de poulet
- Sel et poivre au goût

Instructions :

1. Dans une casserole, mélangez le quinoa, la dinde, les épinards et le bouillon de poulet.
2. Portez à ébullition, puis réduisez le feu et laissez mijoter pendant quelques minutes jusqu'à ce que le tout soit réchauffé.
3. Assaisonnez avec du sel et du poivre et servez chaud.

400 kcal

10 minutes

Difficulté 2/5

NON Végétarien - NON Végétalien

Crevettes grillees avec sauce a la mangue

Ce plat d'inspiration tropicale se caractérise par de succulentes crevettes grillées accompagnées d'une sauce fraîche et épicée à la mangue.

Ingredients :

- 10 grosses crevettes, décortiquées et déveinées
- 1 mangue mûre, pelée et coupée en dés
- 1/4 d'oignon rouge, finement haché
- 1 piment jalapeño, épépiné et finement haché
- Jus de 1 lime
- Sel et poivre au goût
- 1 cuillère à soupe d'huile d'olive

Instructions :

1. Préchauffez le grill ou la poêle à feu moyen. Assaisonnez les crevettes avec du sel, du poivre et de l'huile d'olive. Grillez-les 1 à 2 minutes de chaque côté ou jusqu'à ce qu'elles deviennent roses et opaques.
2. Dans un autre bol, mélangez la mangue coupée en dés, l'oignon haché, le piment jalapeño et le jus de lime. Mélangez bien.
3. Servez les crevettes grillées avec la sauce à la mangue à part.

300 kcal

10 minutes

Difficulté 2/5

NON Végétarien - NON Végétalien

Salade de legumes rotis et quinoa

Une salade riche en fibres, vitamines et protéines.

Ingredients :

- 120g de quinoa cuit
- 250g de légumes variés (comme des poivrons, des courgettes et des tomates cerises), rôtis
- 1 cuillère à soupe d'huile d'olive
- Sel et poivre au goût
- 2 cuillères à soupe de vinaigrette balsamique

Instructions :

1. Mélangez les légumes rôtis avec le quinoa cuit.
2. Assaisonnez avec de l'huile d'olive et de la vinaigrette balsamique. Ajoutez du sel et du poivre. Mélangez bien avant de servir.

400 kcal

10 minutes

Difficulté 1/5

Végétarien - Végétalien

Saumon et asperges à la moutarde au miel

Ce plat rapide et savoureux combine le saumon, bon pour le cœur, avec des asperges riches en fibres.

Ingredients :

- 1 filet de saumon
- 1 botte d'asperges coupées
- 2 cuillères à soupe de moutarde au miel
- Sel et poivre au goût
- 1 cuillère à soupe d'huile d'olive

Instructions :

1. Préchauffez le grill ou la poêle à feu moyen. Assaisonnez le saumon et les asperges avec du sel, du poivre et de l'huile d'olive.
2. Grillez le saumon environ 3-4 minutes de chaque côté ou jusqu'à ce qu'il soit cuit selon votre goût.
3. Grillez les asperges pendant 2-3 minutes, en les retournant de temps en temps, jusqu'à ce qu'elles soient tendres et légèrement grillées.
4. Servez le saumon et les asperges avec un filet de moutarde au miel.

450 kcal

10 minutes

Difficulté 2/5

NON Végétarien - NON Végétalien

Bol vegetarien avec riz complet

Ce bol nourrissant et rassasiant offre un équilibre de céréales, légumes et protéines.

Ingredients :

- 120g de riz complet cuit
- 120g de pois chiches cuits
- 250g de légumes variés (comme des poivrons, concombres et avocats), coupés en tranches
- 1 cuillère à soupe d'huile de tournesol
- Jus de citron, sel et poivre au goût

Instructions :

1. Dans un bol, disposez le riz complet, les pois chiches et les légumes tranchés.
2. Assaisonnez avec de l'huile de tournesol et un filet de jus de citron. Ajoutez du sel et du poivre.
3. Mélangez avant de manger pour bien combiner tous les ingrédients.

400 kcal

10 minutes

Difficulté 1/5

Végétarien - Végétalien

Manger sainement ne nécessite pas nécessairement beaucoup de temps ou d'être ennuyeux. Comme le démontrent ces quarante recettes pour le déjeuner, vous pouvez préparer des repas sains et satisfaisants en seulement dix minutes, même avec un emploi du temps chargé. Chaque recette offre un équilibre de protéines, de glucides et de légumes, avec une grande variété qui saura enthousiasmer vos papilles. Ces repas ne sont pas seulement faciles et rapides à préparer, mais ils permettent également d'économiser par rapport à un déjeuner à l'extérieur. Alors, commencez à cuisiner à la maison et savourez la délicatesse de ces repas nutritifs faits maison.

DINERS RAPIDES, SAINS ET EN MEME TEMPS SAVOUREUX

Pourquoi le dîner est important

Le dîner, souvent considéré comme le "repas principal" de la journée, est un élément vital de nos habitudes alimentaires. Son importance est multiple et influence notre santé, notre bien-être et nos performances quotidiennes.

Tout d'abord, un dîner bien équilibré est essentiel pour maintenir une bonne santé. Il devrait être riche en protéines maigres, en céréales complètes et en divers légumes colorés. Les protéines favorisent la croissance et la réparation musculaire, tandis que les céréales complètes fournissent des glucides complexes pour une énergie soutenue. Les légumes apportent des vitamines et minéraux essentiels pour diverses fonctions corporelles. Combinés, ces groupes d'aliments fournissent les nutriments nécessaires pour un fonctionnement optimal du corps.

Deuxièmement, le dîner fournit l'énergie dont notre corps a besoin pendant la nuit. Pendant notre sommeil, notre corps continue de travailler, réparant les cellules, maintenant nos organes et traitant les expériences de la journée en mémoire. Consommer un dîner riche en nutriments assure au corps des ressources suffisantes pour accomplir ces tâches vitales.

En outre, le dîner joue un rôle fondamental dans la gestion du poids. Sauter le dîner ou consommer des repas transformés et peu sains peut entraîner une prise de poids et d'autres problèmes de santé. Un dîner équilibré aide à maintenir notre métabolisme actif, favorisant la digestion et l'absorption des nutriments et prévenant une prise de poids indésirable.

Enfin, le dîner est souvent un repas partagé qui favorise la connexion et la communication entre les membres de la famille et les amis. La préparation de dîners faits maison encourage une alimentation consciente et peut conduire à de meilleures choix alimentaires. C'est une occasion d'essayer de nouveaux aliments, d'apprendre sur la nutrition et d'établir des habitudes alimentaires saines qui dureront toute la vie.

Cependant, dans le monde trépidant dans lequel nous vivons, trouver le temps de préparer un dîner sain peut être un défi. C'est là que la magie des recettes saines et rapides entre en jeu. Les trente recettes suivantes pour le dîner peuvent être préparées en seulement 10 minutes. Chaque recette est conçue pour être non seulement nutritive mais aussi savoureuse et satisfaisante, répondant à tous les critères d'un dîner sain. Que vous soyez végan, végétarien ou amateur de protéines maigres, il y en a pour tous les goûts.

30 recettes pour des dîners sains et satisfaisants

Poulet grille aux herbes et au citron, accompagne de quinoa

Ingredients :

- 2 poitrines de poulet
- Jus et zeste d'1 citron
- 2 cuillères à soupe d'huile d'olive
- 1 cuillère à café de basilic séché
- 1 cuillère à café d'origan séché
- 1 cuillère à café de thym séché
- 250g de quinoa cuit
- Sel et poivre au goût

Instructions :

1. Préchauffez le grill à feu moyen-élevé.
2. Dans un bol, mélangez le jus de citron, le zeste de citron, l'huile d'olive, le basilic séché, l'origan séché, le thym séché, le sel et le poivre.
3. Faites mariner les poitrines de poulet dans le mélange pendant 10 minutes.
4. Grillez les poitrines de poulet pendant environ 6-8 minutes de chaque côté ou jusqu'à ce qu'elles soient complètement cuites.
5. Laissez reposer le poulet pendant quelques minutes, puis tranchez-le.
6. Servez le poulet grillé sur un lit de quinoa cuit.

350 kcal

15 minutes

Difficulté 2/5

NON Végétarien - NON Végétalien

Crevettes et brocolis sautes a la poele

Ingredients :

- 100g de crevettes décortiquées et déveinées
- 100g de fleurettes de brocoli
- 2 gousses d'ail, hachées
- 1 cuillère à soupe de sauce soja
- 1 cuillère à soupe d'huile de sésame
- 1 cuillère à soupe d'huile d'olive
- Sel et poivre au goût

Instructions :

1. Chauffez l'huile d'olive dans une grande poêle ou un wok à feu moyen-élevé.
2. Ajoutez l'ail haché et faites-le revenir pendant environ 1 minute jusqu'à ce qu'il soit parfumé.
3. Ajoutez les crevettes dans la poêle et faites-les cuire pendant 2-3 minutes jusqu'à ce qu'elles soient roses et cuites.
4. Ajoutez les fleurettes de brocoli et continuez à cuire pendant 2-3 minutes jusqu'à ce qu'elles soient tendres et croquantes.
5. Assaisonnez avec la sauce soja et l'huile de sésame.
6. Assaisonnez de sel et de poivre au goût.
7. Faites revenir pendant une minute supplémentaire jusqu'à ce que tout soit bien combiné.
8. Servez chaud.

250 kcal

10 minutes

Difficulté 2/5

NON Végétarien - NON Végétalien

Bol de patates douces et pois chiches

Ingredients :

- 1 grande patate douce, pelée et coupée en dés
- 400g de pois chiches, égouttés et rincés
- 1 cuillère à soupe d'huile d'olive
- 1 cuillère à café de paprika fumé
- 1/2 cuillère à café de cumin
- Sel et poivre au goût
- 100g de quinoa cuit
- Légumes variés
- Avocat en tranches
- Assaisonnement au citron et huile de tournesol (facultatif)

Instructions :

1. Préchauffez le four à 220°C.
2. Dans un bol, enrobez les dés de patates douces et les pois chiches avec l'huile d'olive, le paprika fumé, le cumin, le sel et le poivre.
3. Étalez-les sur une plaque de cuisson et faites-les rôtir pendant 20-25 minutes, jusqu'à ce que les patates douces soient tendres et légèrement croustillantes.
4. Dans un bol de service, placez le quinoa cuit, les légumes variés, les patates douces rôties et les pois chiches.
5. Garnissez avec l'avocat en tranches et arrosez d'assaisonnement au citron et huile de tournesol, si désiré.
6. Servez et savourez !

340 kcal

30 minutes

Difficulté 2/5

Végétarien - Végétalien

Saumon au four avec sauce à l'aneth et au citron

Ingredients :

- 2 filets de saumon
- 2 cuillères à soupe d'huile d'olive
- Jus d'1 citron
- 1 cuillère à café d'aneth séché
- Sel et poivre au goût
- Tranches de citron (pour servir)

Instructions :

1. Préchauffez le four à 190°C.
2. Placez les filets de saumon sur une plaque de cuisson recouverte de papier sulfurisé.
3. Assaisonnez les filets avec de l'huile d'olive et du jus de citron.
4. Saupoudrez uniformément les filets avec de l'aneth séché, du sel et du poivre.
5. Faites cuire au four pendant 12-15 minutes, ou jusqu'à ce que le saumon soit cuit et s'effiloche facilement à la fourchette.
6. Servez avec des quartiers de citron à part.
7. Bon appétit !

350 kcal

20 minutes

Difficulté 2/5

NON Végétarien - NON Végétalien

Dinde hachee et legumes a la poele

Ingredients :

- 500 grammes de viande de dinde hachée
- 1 cuillère à soupe d'huile d'olive
- 1 petit oignon, coupé en dés
- 2 gousses d'ail, hachées
- 1 poivron, coupé en dés
- 1 courgette, coupée en dés
- 250g de tomates cerises coupées en deux
- 1 cuillère à café d'origan séché
- 1 cuillère à café de basilic séché
- Sel et poivre au goût

Instructions :

1. Chauffez l'huile d'olive dans une grande poêle à feu moyen.
2. Ajoutez la viande de dinde hachée et faites-la cuire jusqu'à ce qu'elle soit dorée et cuite. Émiettez la dinde.
3. Ajoutez à la poêle l'oignon coupé en dés et l'ail haché et faites cuire jusqu'à ce que l'oignon devienne translucide.
4. Ajoutez dans la poêle les poivrons, les courgettes et les tomates cerises coupées. Faites cuire pendant quelques minutes jusqu'à ce que les légumes soient tendres.
5. Saupoudrez le mélange d'origan séché, de basilic séché, de sel et de poivre. Mélangez bien pour combiner le tout.
6. Faites cuire pendant 2-3 minutes supplémentaires pour permettre aux saveurs de se mélanger.
7. Servez chaud et profitez de ce plat savoureux et nutritif !

300 kcal

25 minutes

Difficulté 4/5

NON Végétarien - NON Végétalien

Piadina de poulet mediterraneen

Ingredients :

- 2 grandes piadinas complètes
- 2 poitrines de poulet cuites, tranchées
- 30g de houmous
- 30g de concombre coupé en dés
- 30g de tomates coupées en dés
- 30g d'olives noires tranchées
- 2 cuillères à soupe de fromage feta émietté
- Persil frais haché (pour garnir)

Instructions :

1. Étalez le houmous de manière uniforme sur chaque piadina.
2. Répartissez sur le houmous le poulet tranché, les dés de concombre, les dés de tomate, les tranches d'olives noires et le fromage feta émietté.
3. Saupoudrez de persil frais pour assaisonner et garnir.
4. Roulez les piadinas fermement, en repliant les côtés au fur et à mesure.
5. Coupez les rouleaux en deux et servez immédiatement, ou enveloppez-les dans du papier d'aluminium pour un déjeuner pratique à emporter.

350 kcal

15 minutes

Difficulté 2/5

NON Végetarien - NON Végetalien

Poivrons farcis a la quinoa

Ingredients :

- 4 poivrons (de n'importe quelle couleur), évidés et débarrassés de leurs graines
- 250g de quinoa cuit
- 250g de haricots noirs, rincés et égouttés
- 250g de grains de maïs
- 120g de tomates en dés
- 120g de fromage cheddar râpé (facultatif)
- 1 cuillère à café de poudre de chili
- 1/2 cuillère à café de cumin
- Sel et poivre au goût

Instructions :

1. Préchauffez le four à 190°C.
2. Dans un grand bol, mélangez le quinoa cuit, les haricots noirs, les grains de maïs, les tomates en dés, le cheddar râpé (si utilisé), la poudre de chili, le cumin, le sel et le poivre. Mélangez bien pour combiner le tout.
3. Remplissez chaque poivron avec le mélange de quinoa, en tassant légèrement.
4. Placez les poivrons farcis dans un plat à gratin et couvrez-les avec une feuille d'aluminium.
5. Faites cuire au four pendant 25-30 minutes ou jusqu'à ce que les poivrons soient tendres et que la garniture soit chaude.
6. Sortez du four et laissez refroidir légèrement avant de servir.
7. Savourez ces poivrons colorés et nutritifs farcis à la quinoa !

300 kcal

35 minutes

Difficulté 3/5

Végétarien - NON Végétalien (contient des produits laitiers)

Curry vegan a la noix de coco

Ingredients :

- 1 cuillère à soupe d'huile de coco
- 1 oignon, haché
- 2 gousses d'ail, hachées
- 1 cuillère à soupe de curry en poudre
- 1 cuillère à café de curcuma
- 400g de lait de coco
- 250g de bouillon de légumes
- 100g de légumes variés (comme carottes, poivrons et brocolis)
- 250g de pois chiches, égouttés et rincés
- Sel et poivre au goût
- Coriandre fraîche hachée (pour garnir)

Instructions :

1. Chauffez l'huile de coco dans une grande poêle ou casserole à feu moyen.
2. Ajoutez dans la poêle l'oignon haché et l'ail haché. Faites cuire jusqu'à ce que l'oignon soit tendre et translucide.
3. Ajoutez la poudre de curry et le curcuma et faites cuire une minute de plus pour faire griller les épices.
4. Versez le lait de coco et le bouillon de légumes. Portez à ébullition.
5. Ajoutez les légumes variés et les pois chiches dans la poêle. Faites cuire pendant 10-15 minutes ou jusqu'à ce que les légumes soient tendres.
6. Assaisonnez avec du sel et du poivre au goût.
7. Servez le curry végan à la noix de coco sur du riz cuit ou du quinoa. Garnissez de coriandre fraîche.

8. Savourez ce curry parfumé et savoureux qui est réconfortant et nutritif !

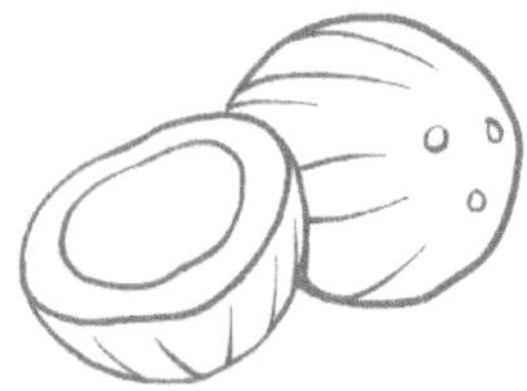

350 kcal

30 minutes

Difficulté 2/5

Végétarien - Végétalien

Tagliatelles de courgettes a la sauce a l'avocat

Ingredients :

- 2 courgettes moyennes, coupées en spirales ou en spaghettis
- 1 avocat mûr
- 1 gousse d'ail hachée
- 1 cuillère à soupe de jus de citron frais
- 2 cuillères à soupe de basilic frais haché
- Sel et poivre au goût
- Garnitures facultatives : tomates cerises, parmesan râpé, pignons de pin.

Instructions :

1. Dans un mixeur ou un robot de cuisine, combinez l'avocat mûr, l'ail haché, le jus de citron frais, le basilic haché, le sel et le poivre. Mixez jusqu'à obtenir une consistance homogène et crémeuse.
2. Dans une grande poêle, chauffez un peu d'huile d'olive à feu moyen.
3. Ajoutez les tagliatelles de courgettes à la poêle et faites-les sauter pendant 2-3 minutes ou jusqu'à ce qu'elles soient tendres.
4. Versez la sauce à l'avocat sur les tagliatelles de courgettes et remuez pour les enrober uniformément.
5. Servez les tagliatelles de courgettes avec des garnitures facultatives telles que des tomates cerises, du parmesan râpé ou des pignons de pin pour ajouter de la saveur et de la texture.

6. Savourez ce plat léger et rafraîchissant, riche en bons gras et en nutriments !

250 kcal

15 minutes

Difficulté 2/5

Végétarien - Végétalien

Saumon au four a l'ail et au miel

Ingredients :

- 2 filets de saumon
- 2 cuillères à soupe de miel
- 2 gousses d'ail, hachées
- 1 cuillère à soupe de sauce soja
- 1 cuillère à soupe d'huile d'olive
- Sel et poivre au goût
- Quartiers de citron frais (pour servir)

Instructions :

1. Préchauffez le four à 190°C et tapissez une plaque de cuisson de papier sulfurisé.
2. Dans un petit bol, fouettez ensemble le miel, l'ail haché, la sauce soja, l'huile d'olive, le sel et le poivre.
3. Placez les filets de saumon sur la plaque de cuisson préparée. Badigeonnez chaque filet avec la sauce à l'ail et au miel, en les recouvrant de manière uniforme.
4. Faites cuire le saumon au four pendant 12-15 minutes, ou jusqu'à ce qu'il soit cuit et s'effiloche facilement à la fourchette.
5. Sortez le saumon du four et laissez-le reposer quelques minutes.
6. Servez le saumon au four à l'ail et au miel avec des quartiers de citron frais pour ajouter un peu de piquant et de brillance.

300 kcal

20 minutes

Difficulté 2/5

NON Végétarien - NON Végétalien

Salade Cesar au poulet grille

Ingredients :

- 2 blancs de poulet désossés et sans peau
- 1 cuillère à soupe d'huile d'olive
- Sel et poivre selon goût
- Laitue romaine, coupée en morceaux
- Sauce César
- Parmesan râpé
- Croûtons

Instructions :

1. Préchauffez un grill ou une poêle à feu moyen.
2. Frottez les blancs de poulet avec l'huile d'olive et assaisonnez-les de sel et de poivre.
3. Faites griller le poulet pendant 6 à 8 minutes de chaque côté ou jusqu'à ce qu'il soit cuit et que les jus soient clairs. Laissez-le reposer quelques minutes, puis coupez-le en lanières.
4. Dans un grand saladier, mélangez la laitue romaine, les lanières de poulet grillé, la sauce César, le parmesan râpé et les croûtons. Mélangez bien pour enrober uniformément la salade.
5. Répartissez la salade dans les assiettes et ajoutez du parmesan râpé et des croûtons supplémentaires, si désiré.
6. Savourez cette classique et délicieuse salade César au poulet grillé comme un dîner rassasiant et savoureux !

400 kcal

20 minutes

Difficulté 2/5

NON Végétarien - NON Végétalien

Tacos aux haricots noirs et maïs

Ingredients :

- 420g de haricots noirs, rincés et égouttés
- 250g de grains de maïs (frais ou congelés)
- 1/2 poivron rouge, coupé en dés
- 1/4 d'oignon rouge, coupé en dés
- 30g de coriandre fraîche hachée
- 1 cuillère à soupe de jus de citron vert
- 1/2 cuillère à café de piment en poudre
- Une quantité au goût de cumin
- Sel et poivre au goût
- Tortillas souples
- Garnitures facultatives : avocat en dés, laitue hachée, salsa, crème aigre.

Instructions :

1. Dans un bol, mélangez les haricots noirs, les grains de maïs, le poivron rouge coupé en dés, l'oignon rouge coupé en dés, la coriandre hachée, le jus de citron vert, le piment en poudre, le cumin, le sel et le poivre. Remuez bien pour bien mélanger le tout.
2. Chauffez les tortillas souples dans une poêle ou au micro-ondes.
3. Répartissez la préparation de haricots noirs et de maïs sur chaque tortilla. Ajoutez les garnitures de votre choix, comme l'avocat en dés, la laitue hachée, la salsa ou la crème aigre.
4. Roulez les tortillas pour former les tacos et servez-les chauds.
5. Profitez de ces savoureux et satisfaisants tacos aux haricots noirs et maïs, riches en protéines et en légumes !

300 kcal

15 minutes

Difficulté 2/5

Végétarien - Végétalien

Curry de lentilles et epinards

Ingredients :

- 250g de lentilles sèches, rincées
- 1 cuillère à soupe d'huile d'olive
- 1 oignon, haché
- 2 gousses d'ail, hachées
- 1 cuillère à soupe de curry en poudre
- 1 cuillère à café de cumin moulu
- 1 cuillère à café de coriandre moulue
- 400g de tomates en dés
- 250g de bouillon de légumes
- 100g d'épinards frais
- Sel et poivre au goût
- Riz cuit ou pain naan (pour servir)

Instructions :

1. Dans une casserole, faites cuire les lentilles selon les instructions du paquet jusqu'à ce qu'elles soient tendres. Égouttez-les et mettez-les de côté.
2. Chauffez l'huile d'olive dans une grande poêle à feu moyen. Ajoutez l'oignon haché et l'ail haché et faites-les revenir jusqu'à ce qu'ils soient tendres.
3. Ajoutez à la poêle le curry en poudre, le cumin et la coriandre moulus et remuez pendant une minute jusqu'à ce que les épices soient parfumées.
4. Versez les tomates en dés avec leur jus et le bouillon de légumes. Mélangez bien pour bien combiner le tout.
5. Ajoutez les lentilles cuites à la poêle et laissez mijoter environ 10 minutes pour permettre aux saveurs de se mélanger.

6. Incorporez les épinards frais et faites cuire jusqu'à ce qu'ils soient flétris.
7. Assaisonnez de sel et de poivre selon vos goûts.
8. Servez le curry de lentilles et épinards sur du riz cuit ou avec du pain naan à part.

350 kcal

30 minutes

Difficulté 2/5

Végétarien - Végétalien

Boulettes de dinde avec des spaghetti de courge

Ingredients :

- 1 courge Spaghetti
- 500 grammes de viande hachée de dinde
- 30g de chapelure
- 30g de parmesan râpé
- 30g de persil frais haché
- 1 œuf battu
- 2 gousses d'ail, hachées
- 1 cuillère à café d'origan séché
- 1/2 cuillère à café de basilic séché
- Sel et poivre au goût
- Sauce marinara (pour servir)
- Feuilles de basilic frais (pour garnir)

Instructions :

1. Préchauffez le four à 200°C. Coupez la courge Spaghetti en deux dans le sens de la longueur et retirez les graines.
2. Placez les moitiés de la courge, côté coupé vers le bas, sur une plaque à pâtisserie recouverte de papier sulfurisé. Faites cuire au four pendant 30-40 minutes ou jusqu'à ce que la courge soit tendre et que les filaments se séparent facilement avec une fourchette.
3. Dans un bol, mélangez la viande hachée de dinde, la chapelure, le parmesan râpé, le persil frais haché, l'œuf battu, l'ail haché, l'origan séché, le basilic séché, le sel et le poivre. Mélangez bien le tout.
4. Formez des boulettes de viande de la taille souhaitée à partir de la préparation.

5. Chauffez un peu d'huile d'olive dans une poêle à feu moyen. Ajoutez les boulettes de dinde et faites-les cuire jusqu'à ce qu'elles soient dorées sur tous les côtés et bien cuites.
6. Chauffez la sauce marinara dans une autre poêle.
7. Utilisez une fourchette pour séparer les fils de la courge de la peau. Répartissez les spaghetti dans les assiettes.
8. Ajoutez les boulettes de dinde cuites sur les spaghetti de courge et nappez de sauce marinara.
9. Garnissez de feuilles de basilic frais.

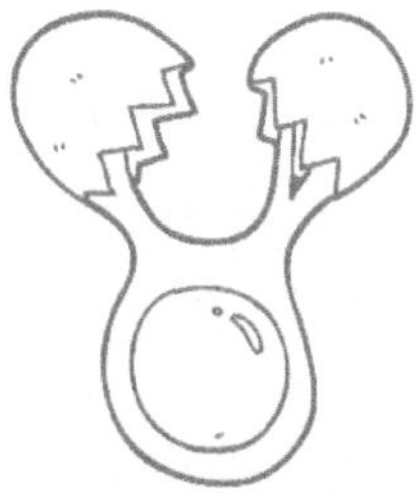

400 kcal

45 minutes

Difficulté 3/5

NON Végétarien - NON Végétalien

Saute de legumes et tofu

Ingredients :

- 400g de tofu, pressé et coupé en cubes
- 2 cuillères à soupe de sauce soja
- 1 cuillère à soupe d'huile de sésame
- 1 cuillère à soupe d'huile végétale
- 1 poivron, coupé en lanières
- 1 courgette, coupée en rondelles
- 1 carotte, coupée en rondelles
- 250g de fleurettes de brocoli
- 2 gousses d'ail, hachées
- 1 cuillère à café de gingembre râpé
- Sel et poivre au goût
- Riz ou pâtes cuites (pour servir)

Instructions :

1. Dans un bol, mélangez les cubes de tofu, la sauce soja et l'huile de sésame. Laissez mariner le tofu pendant 10-15 minutes.
2. Chauffez l'huile végétale dans une grande poêle ou un wok à feu moyen-élevé. Ajoutez le tofu mariné et faites-le cuire jusqu'à ce qu'il soit doré sur tous les côtés. Retirez le tofu de la poêle et mettez-le de côté.
3. Dans la même poêle, ajoutez les poivrons, les courgettes, les carottes, les fleurettes de brocoli, l'ail haché et le gingembre râpé. Faites revenir pendant 5-6 minutes ou jusqu'à ce que les légumes soient croustillants et tendres.
4. Remettez le tofu dans la poêle et faites revenir pendant 2-3 minutes supplémentaires pour le réchauffer.
5. Assaisonnez de sel et de poivre selon vos goûts.

6. Servez le sauté de légumes et tofu sur du riz ou des pâtes cuites.
7. Savourez ce coloré et nutritif sauté de légumes et tofu comme un dîner délicieux et satisfaisant !

300 kcal

25 minutes

Difficulté 2/5

Végétarien - Végétalien

Crevettes epicees avec puree de chou-fleur

Ingredients :

- 100g de crevettes, décortiquées et déveinées
- 1 cuillère à soupe d'huile d'olive
- 1 cuillère à café de paprika
- 1/2 cuillère à café de piment en poudre (à ajuster selon les goûts)
- Sel et poivre au goût
- 1 tête de chou-fleur, coupée en bouquets
- 2 cuillères à soupe de beurre ou d'huile d'olive
- 30g de parmesan râpé
- Persil frais haché (pour garnir)

Instructions :

1. Dans un bol, faites sauter les crevettes avec de l'huile d'olive, du paprika, du piment en poudre, du sel et du poivre. Laissez-les mariner pendant 10 minutes.
2. Faites cuire les bouquets de chou-fleur à la vapeur jusqu'à ce qu'ils soient tendres. Égouttez bien.
3. Dans un mixeur ou un robot de cuisine, mixez le chou-fleur cuit à la vapeur, le beurre ou l'huile d'olive, le parmesan râpé, le sel et le poivre jusqu'à obtenir une texture homogène et crémeuse.
4. Chauffez une poêle à feu moyen. Ajoutez les crevettes marinées et faites-les cuire 2-3 minutes de chaque côté jusqu'à ce qu'elles soient roses et cuites.
5. Servez les crevettes épicées sur la purée de chou-fleur.
6. Garnissez avec du persil frais haché.
7. Servez chaud.

350 kcal

30 minutes

Difficulté 2/5

NON Végétarien - NON Végétalien

Morue au four a la grecque

Ingredients :

- 4 filets de morue
- 1 citron, coupé en tranches
- 2 cuillères à soupe d'huile d'olive
- 2 gousses d'ail, hachées
- 1 cuillère à café d'origan séché
- Sel et poivre au goût
- 120g de tomates cerises, coupées en deux
- 30g d'olives, dénoyautées et hachées
- 2 cuillères à soupe de fromage feta émietté
- Persil frais pour garnir

Instructions :

1. Préchauffez le four à 200°C.
2. Placez les filets de morue dans un plat à gratin. Disposez les tranches de citron sur les filets.
3. Dans un petit bol, mélangez l'huile d'olive, l'ail haché, l'origan séché, le sel et le poivre. Répartissez ce mélange sur les filets de morue.
4. Disposez les tomates cerises et les olives autour des filets de morue.
5. Faites cuire au four préchauffé pendant 15-20 minutes ou jusqu'à ce que la morue soit cuite et se défasse facilement à la fourchette.
6. Saupoudrez la morue au four de fromage feta émietté.
7. Servez chaud et savourez.

200 kcal

25 minutes

Difficulté 2/5

NON Végétarien - NON Végétalien

Chili vegetalien

Ingredients :

- 1 cuillère à soupe d'huile d'olive
- 1 oignon, coupé en dés
- 2 gousses d'ail, hachées
- 1 poivron rouge, coupé en dés
- 1 poivron vert, coupé en dés
- 1 piment jalapeño, épépiné et finement haché
- 2 carottes, coupées en dés
- 1 courgette, coupée en dés
- 400g de tomates en dés
- 400g de haricots rouges, égouttés et rincés
- 400g de haricots noirs, égouttés et rincés
- 420g de grains de maïs, égouttés
- 100g de bouillon de légumes
- 2 cuillères à soupe de poudre de chili
- 1 cuillère à café de cumin
- Sel et poivre au goût
- Coriandre fraîche pour garnir

Instructions :

1. Chauffez l'huile d'olive dans une grande casserole à feu moyen. Ajoutez l'oignon en dés et l'ail haché. Faites revenir jusqu'à ce que l'oignon soit translucide et parfumé.
2. Ajoutez dans la casserole les poivrons rouges et verts en dés, le jalapeño haché, les carottes et les courgettes. Faites cuire pendant 5-7 minutes, jusqu'à ce que les légumes commencent à s'attendrir.

3. Ajoutez les tomates en dés, les haricots rouges, les haricots noirs, les grains de maïs, le bouillon de légumes, la poudre de chili, le cumin, le sel et le poivre.
4. Portez le chili à ébullition, puis réduisez le feu au minimum. Laissez mijoter pendant 20-30 minutes, pour que les saveurs se mélangent.
5. Goûtez et ajustez l'assaisonnement si nécessaire.
6. Servez le chili végétalien chaud, garni de coriandre fraîche.

250 kcal

40 minutes

Difficulté 2/5

Végétarien - Végétalien

Tagliatelles de courgettes au pesto avec poulet

Ingredients :

- 2 courgettes, coupées en spirales
- 1 poitrine de poulet, cuite et tranchée
- 2 cuillères à soupe de sauce pesto
- 1 cuillère à soupe d'huile d'olive
- 30g de tomates cerises, coupées en deux
- 2 cuillères à soupe de parmesan râpé
- Sel et poivre au goût

Instructions :

1. Chauffez l'huile d'olive dans une poêle à feu moyen. Ajoutez les tagliatelles de courgettes et faites-les cuire pendant 2-3 minutes jusqu'à ce qu'elles soient tendres.
2. Ajoutez les tranches de poulet cuit dans la poêle et réchauffez-les.
3. Ajoutez la sauce pesto, les tomates cerises, le sel et le poivre. Faites cuire pendant une minute supplémentaire.
4. Retirez du feu et saupoudrez de parmesan râpé.
5. Servez les tagliatelles de courgettes au pesto avec le poulet chaud.
6. Savourez ce plat savoureux et faible en glucides !

300 kcal

15 minutes

Difficulté 2/5

NON Végétarien - NON Végétalien

Poivrons farcis a la quinoa et aux haricots noirs

Ingredients :

- 4 poivrons
- 250g de quinoa cuit
- 400g de haricots noirs, égouttés et rincés
- 120g de grains de maïs
- 120g de tomates en dés
- 30g d'oignon rouge haché
- 30g de coriandre fraîche hachée
- 1 cuillère à café de cumin
- 1/2 cuillère à café de piment en poudre
- Sel et poivre au goût
- 120g de fromage cheddar râpé (facultatif)

Instructions :

1. Préchauffez le four à 190°C.
2. Coupez la partie supérieure des poivrons et retirez les graines et les membranes.
3. Dans un bol, mélangez le quinoa cuit, les haricots noirs, les grains de maïs, les tomates en dés, l'oignon rouge, la coriandre, le cumin, le piment en poudre, le sel et le poivre. Mélangez bien.
4. Remplissez les poivrons avec le mélange de quinoa et de haricots noirs.
5. Placez les poivrons farcis dans un plat allant au four et couvrez-les avec une feuille d'aluminium.
6. Faites cuire dans le four préchauffé pendant 25 minutes.
7. Retirez le papier aluminium et parsemez de cheddar râpé, si désiré.

8. Enfournez pour 5 minutes supplémentaires jusqu'à ce que le fromage soit fondu et gratiné.
9. Servez les poivrons farcis à la quinoa et aux haricots noirs chauds.

300 kcal

35 minutes

Difficulté 2/5

Végétarien - NON Végétalien (contient des produits laitiers)

Poulet au citron et au poivre au four

Ingredients :

- 4 poitrines de poulet
- 2 citrons, pressés et zeste
- 2 cuillères à soupe d'huile d'olive
- 1 cuillère à café de poivre noir
- 1/2 cuillère à café de sel
- 1 cuillère à café de thym séché
- 1 cuillère à café d'ail en poudre

Instructions :

1. Préchauffez le four à 190°C.
2. Dans un petit bol, battez ensemble le jus de citron, le zeste de citron, l'huile d'olive, le poivre noir, le sel, le thym séché et l'ail en poudre.
3. Placez les poitrines de poulet dans un plat à gratin et versez dessus le mélange de citron et de poivre, en vous assurant qu'elles soient bien enrobées.
4. Faites cuire dans le four préchauffé pendant 25-30 minutes ou jusqu'à ce que le poulet soit cuit et atteigne une température interne d'environ 75°C.
5. Retirez le poulet du four et laissez-le reposer quelques minutes avant de le servir.
6. Coupez les poitrines de poulet en tranches et servez-les chaudes avec un accompagnement de votre choix.

250 kcal

35 minutes

Difficulté 2/5

NON Végétarien - NON Végétalien

Pates aux aubergines et sauce tomate

Ingredients :

- 220g de spaghettis complets
- 1 grosse aubergine, coupée en dés
- 2 gousses d'ail, hachées
- 400g de tomates en dés
- 30g de concentré de tomate
- 1 cuillère à café d'origan séché
- 1/2 cuillère à café de basilic séché
- Sel et poivre au goût
- Feuilles de basilic frais pour garnir

Instructions :

1. Faites cuire les spaghettis complets selon les instructions du paquet jusqu'à ce qu'ils soient al dente. Égouttez-les et mettez-les de côté.
2. Chauffez une cuillère à soupe d'huile d'olive dans une poêle à feu moyen. Ajoutez les aubergines coupées en dés et faites-les sauter jusqu'à ce qu'elles soient tendres et légèrement dorées.
3. Ajoutez l'ail haché et faites cuire pendant une minute de plus.
4. Ajoutez les tomates en dés, le concentré de tomate, l'origan séché, le basilic séché, le sel et le poivre. Laissez mijoter pendant 10-15 minutes, pour que les saveurs se mélangent.
5. Mélangez les spaghettis cuits avec les aubergines et la sauce tomate.
6. Garnissez de feuilles de basilic frais avant de servir.

350 kcal

30 minutes

Difficulté 2/5

Végétarien - NON Végétalien (contient des produits laitiers)

Tofu saute a la poele avec legumes

Ingredients :

- 400g de tofu, pressé et coupé en dés
- 2 cuillères à soupe de sauce soja
- 1 cuillère à soupe d'huile de sésame
- 1 cuillère à soupe de fécule de maïs
- 1 cuillère à soupe d'huile végétale
- 2 gousses d'ail, hachées
- 250g de légumes mélangés tranchés (comme des poivrons, des brocolis et des carottes)
- Sel et poivre au goût
- Oignons verts pour garnir

Instructions :

1. Dans un bol, battez ensemble la sauce soja, l'huile de sésame et la fécule de maïs jusqu'à ce qu'ils soient bien combinés.
2. Chauffez l'huile végétale dans une poêle ou un wok à feu moyen-élevé. Ajoutez l'ail haché et faites-le revenir pendant une minute jusqu'à ce qu'il devienne parfumé.
3. Ajoutez les cubes de tofu dans la poêle et faites-les sauter jusqu'à ce qu'ils soient dorés et croustillants sur tous les côtés.
4. Poussez le tofu sur un côté de la poêle et ajoutez les légumes tranchés. Faites-les sauter quelques minutes jusqu'à ce qu'ils soient tendres et croustillants.
5. Versez le mélange de sauce soja sur le tofu et les légumes. Mélangez bien pour enrober uniformément.
6. Assaisonnez de sel et de poivre selon vos goûts.
7. Garnissez avec des oignons verts et servez le tofu sauté à la poêle avec les légumes chaud sur du riz ou des nouilles.
8. Savourez ce plat savoureux et riche en protéines !

250 kcal

25 minutes

Difficulté 2/5

Végétarien - Végétalien

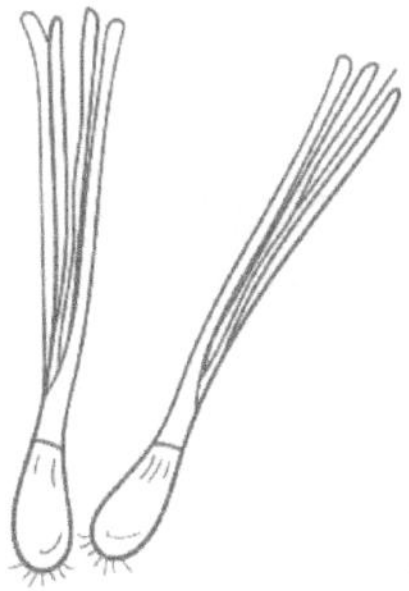

Chili de dinde rapide

Ingredients :

- 500 grammes de viande de dinde hachée
- 1 oignon, haché
- 2 gousses d'ail, hachées
- 400g de haricots rouges, égouttés et rincés
- 400g de tomates en dés
- 400g de concentré de tomate
- 250g de bouillon de poulet à faible teneur en sodium
- 1 cuillère à soupe de poudre de chili
- 1 cuillère à café de cumin
- 1/2 cuillère à café de paprika
- Sel et poivre au goût

Instructions :

1. Dans une grande casserole ou un faitout, faites cuire la viande de dinde hachée à feu moyen jusqu'à ce qu'elle soit dorée. Égouttez l'excès de graisse.
2. Ajoutez à la casserole l'oignon haché et l'ail haché et faites cuire jusqu'à ce que l'oignon soit translucide.
3. Ajoutez les haricots, les tomates en dés, le concentré de tomate, le bouillon de poulet, la poudre de chili, le cumin, le paprika, le sel et le poivre.
4. Portez le chili à ébullition et laissez-le mijoter pendant 15-20 minutes, pour que les saveurs se mélangent.
5. Ajustez l'assaisonnement selon vos goûts.
6. Servez le chili de dinde rapide bien chaud, garni d'une garniture de votre choix, comme du fromage râpé, de la crème aigre ou des oignons verts hachés.

300 kcal

30 minutes

Difficulté 2/5

NON Végétarien - NON Végétalien

Tilapia au four avec chapelure a l'ail

Ingredients :

- 4 filets de tilapia
- 120g de chapelure
- 2 gousses d'ail, hachées
- 2 cuillères à soupe de parmesan râpé
- 1 cuillère à soupe de persil frais haché
- 2 cuillères à soupe d'huile d'olive
- Sel et poivre au goût
- Tranches de citron pour servir

Instructions :

1. Préchauffez le four à 200°C et tapissez une plaque de cuisson avec du papier sulfurisé.
2. Dans un petit bol, mélangez la chapelure, l'ail haché, le parmesan, le persil haché, l'huile d'olive, le sel et le poivre. Mélangez bien jusqu'à ce que tous les ingrédients soient uniformément incorporés.
3. Placez les filets de tilapia sur la plaque préparée. Saupoudrez le mélange de chapelure sur les filets, en appuyant légèrement pour les faire adhérer.
4. Faites cuire au four préchauffé pendant 12-15 minutes ou jusqu'à ce que le poisson soit cuit et que la chapelure soit dorée et croustillante.
5. Retirez du four et laissez reposer la tilapia au four quelques minutes avant de la servir.
6. Servez chaud avec des tranches de citron à presser sur le poisson.

200 kcal

20 minutes

Difficulté 2/5

NON Végétarien - NON Végétalien

Riz complet saute aux legumes

Ingredients :

- 100g de riz complet cuit, refroidi
- 1 cuillère à soupe d'huile végétale
- 1 oignon, coupé en dés
- 2 gousses d'ail, hachées
- 1 carotte, coupée en dés
- 1 poivron, coupé en dés
- 250g de petits pois surgelés, décongelés
- 2 cuillères à soupe de sauce soja à faible teneur en sodium
- 1 cuillère à soupe d'huile de sésame
- 2 oignons verts hachés (pour garnir)
- Sel et poivre au goût

Instructions :

1. Chauffez l'huile végétale dans une grande poêle ou un wok à feu moyen-élevé.
2. Ajoutez dans la poêle l'oignon en dés et l'ail haché. Faites revenir quelques minutes jusqu'à ce que l'oignon devienne translucide et l'ail parfumé.
3. Ajoutez dans la poêle la carotte et le poivron en dés. Faites sauter encore 2-3 minutes jusqu'à ce que les légumes soient légèrement tendres.
4. Déplacez les légumes sur un côté de la poêle et ajoutez le riz complet refroidi de l'autre côté. Brisez les grumeaux de riz avec une spatule et faites-le sauter quelques minutes pour le réchauffer.
5. Ajoutez les petits pois décongelés, la sauce soja à faible teneur en sodium et l'huile de sésame. Mélangez bien pour combiner

tous les ingrédients et enrober uniformément le riz et les légumes.

6. Assaisonnez de sel et de poivre selon vos goûts.
7. Garnissez de ciboule hachée et servez le riz complet sauté aux légumes chaud comme un plat savoureux et nourrissant.

300 kcal

25 minutes

Difficulté 2/5

Végétarien - Végétalien

Bol de nouilles soba vegetalien

Ingredients :

- 180g de nouilles soba
- 2 cuillères à soupe de sauce soja
- 1 cuillère à soupe de vinaigre de riz
- 1 cuillère à soupe d'huile de sésame
- 1 cuillère à soupe de sirop d'érable
- 1 cuillère à café de gingembre râpé
- 1 gousse d'ail hachée
- 250g de légumes mélangés coupés en fines lanières (comme des poivrons, des carottes et des pois)
- 30g de coriandre hachée
- 2 oignons verts, tranchés
- Graines de sésame pour garnir

Instructions :

1. Faites cuire les nouilles soba selon les instructions du paquet. Égouttez-les et rincez-les à l'eau froide.
2. Dans un petit bol, battez ensemble la sauce soja, le vinaigre de riz, l'huile de sésame, le sirop d'érable, le gingembre râpé et l'ail haché pour préparer l'assaisonnement.
3. Dans un grand bol, mélangez les nouilles soba cuites, les légumes mélangés coupés en lanières, la coriandre hachée et les oignons verts tranchés.
4. Versez l'assaisonnement sur le mélange de pâtes et de légumes. Mélangez bien pour enrober uniformément.
5. Garnissez de graines de sésame.
6. Servez le bol de nouilles soba végétalien frais ou à température ambiante pour un repas rafraîchissant et savoureux.

7. Savourez la combinaison de nouilles, de légumes croquants et d'assaisonnement relevé dans ce plat végétalien satisfaisant !

300 kcal

20 minutes

Difficulté 2/5

Végétarien - Végétalien

Spaghettis de courge a la sauce marinara

Ingredients :

- 1 courge spaghetti
- 100g de sauce marinara
- 1 cuillère à soupe d'huile d'olive
- 2 gousses d'ail, hachées
- 1/2 cuillère à café d'origan séché
- Piment selon le goût
- Sel et poivre au goût
- Feuilles de basilic frais pour garnir

Instructions :

1. Préchauffez le four à 200°C.
2. Coupez la courge spaghetti en deux dans le sens de la longueur et retirez les graines.
3. Placez les moitiés de courge sur une plaque de cuisson, côté coupé vers le haut. Arrosez-les d'huile d'olive et saupoudrez-les d'ail haché, d'origan séché, de piment, de sel et de poivre.
4. Rôtissez les spaghettis dans le four préchauffé pendant 40-50 minutes ou jusqu'à ce que la chair soit tendre et se sépare facilement en filaments à la fourchette.
5. Laissez refroidir la courge quelques minutes, puis utilisez une fourchette pour gratter la chair et obtenir des filaments semblables à des spaghettis.
6. Chauffez la sauce marinara dans une casserole à feu moyen jusqu'à ce qu'elle soit bien chaude.
7. Servez les spaghettis de courge avec une généreuse portion de sauce marinara.

8. Garnissez de feuilles de basilic frais pour ajouter de la fraîcheur et de la saveur.
9. Savourez cette alternative saine et faible en glucides aux plats de pâtes traditionnels !

200 kcal

60 minutes

Difficulté 2/5

Végétarien - Végétalien

Poulet et legumes sautes a la poele

Ingredients :

- 2 poitrines de poulet désossées et sans peau, coupées en lanières
- 2 cuillères à soupe de sauce soja
- 1 cuillère à soupe de sauce aux huîtres
- 1 cuillère à soupe de fécule de maïs
- 1 cuillère à soupe d'huile végétale
- 1 oignon, coupé en lanières
- 1 poivron, coupé en lanières
- 250g de fleurettes de brocoli
- 250g de pois mange-tout
- 2 gousses d'ail, hachées
- 1 cuillère à café de gingembre râpé
- Sel et poivre au goût
- Riz ou pâtes cuites pour servir

Instructions :

1. Dans un petit bol, mélangez la sauce soja, la sauce aux huîtres et la fécule de maïs pour créer une sauce.
2. Chauffez l'huile végétale dans une grande poêle ou un wok à feu moyen-élevé.
3. Ajoutez les lanières de poulet dans la poêle et faites-les sauter jusqu'à ce qu'elles soient cuites. Retirez le poulet de la poêle et mettez-le de côté.
4. Dans la même poêle, ajoutez l'oignon en lanières, le poivron, les fleurettes de brocoli, les pois mange-tout, l'ail haché et le gingembre râpé. Faites sauter quelques minutes jusqu'à ce que les légumes soient croustillants et tendres.
5. Remettez le poulet cuit dans la poêle et versez la sauce sur le poulet et les légumes. Mélangez bien pour enrober le tout de sauce.

6. Cuisez encore une minute ou deux jusqu'à ce que la sauce épaississe et enrobe le poulet et les légumes.
7. Assaisonnez de sel et de poivre selon vos goûts.
8. Servez le poulet et les légumes sautés à la poêle avec du riz ou des nouilles cuites pour un repas complet et satisfaisant.

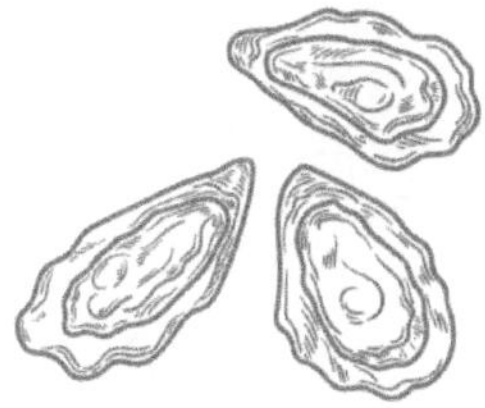

300 kcal

25 minutes

Difficulté 2/5

PAS Végétarien - PAS Végétalien (peut être préparé avec du tofu ou un substitut de protéines d'origine végétale)

Patates douces au four avec garniture de guacamole

Ingredients :

- 2 patates douces de taille moyenne
- 1 avocat mûr
- 1 cuillère à soupe de jus de citron vert
- Ail en poudre selon le goût
- Cumin selon le goût
- Sel et poivre au goût
- Coriandre hachée pour garnir

Instructions :

1. Préchauffez le four à 200°C.
2. Piquez les patates douces à plusieurs reprises avec une fourchette et placez-les sur une plaque de cuisson.
3. Faites cuire les patates douces dans le four préchauffé pendant 45-60 minutes ou jusqu'à ce qu'elles soient tendres et puissent être facilement percées avec un couteau.
4. Pendant que les patates douces cuisent, préparez le guacamole. Écrasez l'avocat dans un bol et ajoutez le jus de citron vert, l'ail en poudre, le cumin, le sel et le poivre jusqu'à ce que le tout soit bien combiné.
5. Une fois que les patates douces sont prêtes, retirez-les du four et laissez-les refroidir légèrement.
6. Ouvrez chaque patate douce en tranches et écrasez légèrement la chair avec une fourchette.
7. Répartissez le mélange de guacamole sur les patates douces et garnissez de coriandre hachée.
8. Servez les patates douces au four avec guacamole comme un repas nutritif et satisfaisant.

250 kcal

60 minutes

Difficulté 2/5

Végétarien - Végétalien

Nous avons présenté une collection de 30 recettes pour des dîners rapides, sains et savoureux qui peuvent être préparés en seulement 10 minutes. Ces recettes offrent une large gamme de saveurs et d'ingrédients pour satisfaire diverses préférences alimentaires et fournir un repas équilibré et nutritif. En intégrant ces recettes dans votre planification de repas, vous pourrez profiter des avantages des dîners faits maison qui sont non seulement pratiques, mais aussi bénéfiques pour votre santé et votre bien-être général. Grâce à ces recettes nutritives et gain de temps, vous pouvez facilement rendre les dîners délicieux et sains une partie de votre routine quotidienne.

DES COLLATIONS SAINES ET DES COLLATIONS QUI BLOQUENT LA FAIM

Le role des en-cas dans un regime alimentaire sain

Les en-cas jouent un rôle crucial dans le maintien d'une alimentation saine et équilibrée, en fournissant des nutriments et en soutenant les niveaux d'énergie tout au long de la journée. Il est essentiel de comprendre l'importance des en-cas pour favoriser le bien-être général et faire des choix alimentaires conscients.

L'un des principaux avantages de l'intégration des en-cas dans votre routine quotidienne est leur capacité à aider à gérer la faim. Lorsque les repas sont espacés de plusieurs heures, les en-cas comblent le vide et préviennent la faim excessive, qui peut conduire à trop manger ou à faire des choix alimentaires malsains. Avec un en-cas sain entre les repas, vous pouvez stabiliser les niveaux de sucre dans le sang, maintenir les niveaux d'énergie et éviter les baisses d'énergie qui peuvent affecter la productivité et la concentration.

Les en-cas offrent également l'opportunité d'augmenter l'apport en nutriments importants. En choisissant des options riches en nutriments, telles que les fruits, les légumes, les céréales complètes, les protéines maigres et les graisses saines, les en-cas peuvent contribuer à satisfaire les besoins nutritionnels quotidiens. Par exemple, un en-cas riche en fibres, comme des légumes crus avec de l'hummus, peut favoriser la santé digestive et procurer une sensation de satiété.

De plus, les en-cas peuvent être un moyen d'inclure des portions supplémentaires de fruits et de légumes dans votre alimentation.

Les bâtonnets de fruits ou de légumes frais accompagnés d'une sauce riche en protéines, comme le yaourt grec ou le beurre de noix, fournissent non seulement des vitamines et des minéraux essentiels, mais ajoutent également de la variété et de la saveur à votre routine d'en-cas.

Lorsque vous choisissez des en-cas pour la journée de travail, il est important de sélectionner des options faciles à préparer, portables et nécessitant peu ou pas de réfrigération. Cela garantit praticité et accessibilité, vous permettant de profiter d'un en-cas nutritif même lorsque vous êtes occupé.

Nous explorerons également une sélection d'idées d'en-cas rapides et sains, adaptés à la journée de travail. Ces en-cas sont conçus pour fournir un équilibre de macronutriments et offrir une combinaison de saveurs et de textures qui satisfont les envies de manger et vous maintiennent en forme toute la journée. Découvrons les options d'en-cas délicieux et sains qui vous attendent !

Recettes d'en-cas faits maison

Barres de granola aux noisettes

Ingredients :

- 250g de flocons d'avoine
- 60g de noix au choix (amandes, noix ou noix de cajou), hachées
- 60g de fruits secs (comme des raisins secs, des canneberges ou des dattes en morceaux)
- 60g de miel ou de sirop d'érable
- 60g de beurre d'amande ou de cacahuète
- 1 cuillère à café d'extrait de vanille

Instructions :

1. Préchauffez le four à 175°C et tapissez une plaque à pâtisserie de papier sulfurisé.
2. Dans un grand bol, mélangez l'avoine, les noix hachées et les fruits secs.
3. Dans une petite casserole, chauffez à feu doux le miel ou le sirop d'érable, le beurre d'amande ou de cacahuète et l'extrait de vanille jusqu'à ce qu'ils soient fondus et bien mélangés.
4. Versez le mélange liquide sur les ingrédients secs et mélangez jusqu'à ce que tout soit bien enrobé.
5. Transférez le mélange dans la plaque préparée et pressez fermement.
6. Faites cuire au four pendant 15-20 minutes ou jusqu'à ce qu'elles soient dorées.
7. Laissez refroidir complètement les barres de granola avant de les découper en barres ou en carrés.

150 - 200 kcal

30 minutes

Difficulté 2/5

Végétarien - PAS Végétalien (peut être rendu végétalien en utilisant du sirop d'érable à la place du miel)

Semifreddo aux fruits frais et yaourt

Ingredients :

- 250g de yaourt grec
- 250g de fruits rouges frais mélangés (comme des fraises, des myrtilles et des framboises)
- 60g de granola ou de muesli
- 2 cuillères à soupe de miel ou de sirop d'érable (facultatif)

Instructions :

1. Dans un verre ou un bol, disposez en couches le yaourt grec, les fruits rouges frais et le granola ou muesli.
2. Ajoutez du miel ou du sirop d'érable, si vous le souhaitez, pour sucrer.
3. Répétez les couches jusqu'à épuisement des ingrédients.
4. Servez immédiatement ou conservez au réfrigérateur pour plus tard.

200 - 250 kcal

5 minutes

Difficulté 1/5

Végétarien - PAS végétalien (peut être rendu végétalien en utilisant du yaourt à base de plantes et en omettant le miel)

Chips de chou frise au four

Ingredients :

- 1 botte de chou frisé, tiges enlevées et feuilles coupées en morceaux
- 1 cuillère à soupe d'huile d'olive
- Sel et poivre au goût

Instructions :

1. Préchauffez le four à 175°C et tapissez une plaque de cuisson de papier sulfurisé.
2. Dans un bol, enrobez les feuilles de chou frisé d'huile d'olive, de sel et de poivre jusqu'à ce qu'elles soient uniformément recouvertes.
3. Étalez les feuilles de chou frisé en une seule couche sur la plaque préparée.
4. Faites cuire au four pendant 10-15 minutes ou jusqu'à ce que les bords soient croustillants.
5. Retirez du four et laissez refroidir avant de servir.

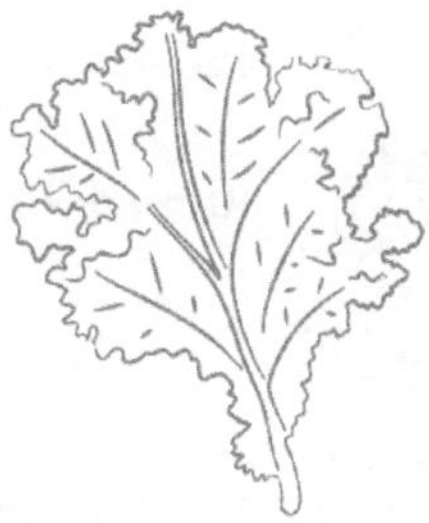

50 - 100 kcal

20 minutes

Difficulté 2/5

Végétarien - Végétalien

Guacamole rapide avec des carottes bebe

Ingredients :

- 2 avocats mûrs, pelés et dénoyautés
- 1 petite tomate, coupée en dés
- 60g d'oignon rouge, finement haché
- 1 gousse d'ail hachée
- Jus de 1 citron vert
- Sel et poivre au goût
- Carottes bébé pour servir

Instructions :

1. Dans un bol, écrasez l'avocat avec une fourchette jusqu'à obtenir une consistance homogène.
2. Ajoutez la tomate en dés, l'oignon rouge haché, l'ail haché, le jus de citron vert, le sel et le poivre. Mélangez bien.
3. Ajustez l'assaisonnement selon vos goûts.
4. Servez le guacamole avec des carottes bébé à tremper.

150 -200 kcal

10 minutes

Difficulté 1/5

Végétarien - Végétalien

Toast a la banane et au beurre d'amande

Ingredients :

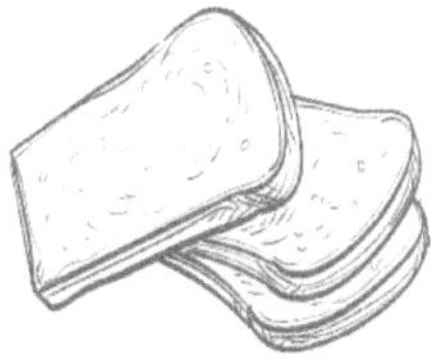

- 1 tranche de pain complet, grillée
- 1 banane mûre, coupée en tranches
- 1 cuillère à soupe de beurre d'amande
- 1 cuillère à café de miel ou de sirop d'érable (facultatif)

Instructions :

1. Étalez le beurre d'amande uniformément sur le pain grillé.
2. Disposez les tranches de banane sur le beurre d'amande.
3. Ajoutez du miel ou du sirop d'érable, si vous le souhaitez.
4. Savourez un délicieux toast à la banane et au beurre d'amande

200 -250 kcal

5 minutes

Difficulté 1/5

Végétarien - Végétalien

Batonnets de legumes et houmous

Ingredients :

- 250g de pois chiches, égouttés et rincés
- 2 cuillères à soupe d'huile de tournesol
- 2 cuillères à soupe de jus de citron
- 1 gousse d'ail hachée
- 2 cuillères à soupe d'huile d'olive
- Sel et poivre au goût
- Bâtonnets de légumes variés (carottes, concombres, poivrons) pour servir

Instructions :

1. Dans un robot culinaire, combinez les pois chiches, l'huile de tournesol, le jus de citron, l'ail haché, l'huile d'olive, le sel et le poivre.
2. Mixez jusqu'à obtenir une consistance lisse et crémeuse, en ajoutant un peu d'eau si nécessaire pour atteindre la consistance désirée.
3. Goûtez et ajustez l'assaisonnement selon vos préférences.
4. Transférez le houmous dans un bol et servez-le avec les bâtonnets de légumes.

150 -200 kcal

10 minutes

Difficulté 2/5

Végétarien - Végétalien

Yaourt grec au miel et aux noix

Ingredients :

- 250g de yaourt grec
- 1 cuillère à soupe de miel
- Noix assorties (comme des amandes, des noix ou des pistaches), hachées

Instructions :

1. Dans un bol, versez le yaourt grec.
2. Répartissez le miel sur le yaourt.
3. Saupoudrez de noix hachées.
4. Mélangez le tout, ou savourez les couches séparément.

150 - 200 kcal

5 minutes

Difficulté 1/5

Végétarien - NON Végétalien

Smoothie aux fruits rouges et avoine

Ingredients :

- 250g de fruits rouges mélangés (comme des fraises, des myrtilles, des framboises)
- 1 banane mûre
- 120g d'avoine
- 250g de lait d'amande ou le lait de votre choix
- 1 cuillère à soupe de miel ou de sirop d'érable (facultatif)

Instructions :

1. Dans un blender, mettez les fruits rouges mélangés, la banane, l'avoine, le lait d'amande et le miel ou le sirop d'érable (si vous l'utilisez).
2. Mixez jusqu'à obtenir un mélange homogène et crémeux.
3. Versez dans un verre et savourez votre délicieux et nutritif smoothie aux baies et à l'avoine.

200 - 250 kcal

5 minutes

Difficulté 1/5

Végétarien - Végétalien

Verrines de graines de chia et fruits rouges

Ingredients :

- o 2 cuillères à soupe de graines de chia
- o 250g de lait d'amande ou le lait de votre choix
- o 1 cuillère à soupe de miel ou de sirop d'érable
- o 250g de fruits rouges mélangés (comme des myrtilles, des framboises et des fraises)
- o Feuilles de menthe fraîche pour garnir (facultatif)

Instructions :

2. Dans un bocal ou un récipient, mélangez les graines de chia, le lait d'amande et le miel ou le sirop d'érable.
3. Remuez bien pour bien amalgamer tous les ingrédients.
4. Couvrez le bocal et placez-le au réfrigérateur pendant au moins 2 heures ou toute la nuit, afin que les graines de chia absorbent le liquide et forment une consistance semblable à un pudding.
5. Dans des verrines, disposez le pudding de graines de chia et les fruits rouges mélangés.
6. Garnissez de feuilles de menthe fraîche, si vous le souhaitez.
7. Savourez ces délicieuses et nutritives verrines de graines de chia et fruits rouges.

150 - 200 kcal

10 minutes (plus temps de refroidissement)

Difficulté 1/5

Végétarien - Végétalien

Pois chiches rotis aux epices

Ingredients :

- 420g de pois chiches, égouttés et rincés
- 1 cuillère à soupe d'huile d'olive
- 1 cuillère à café de cumin moulu
- 1/2 cuillère à café de paprika
- 1/2 cuillère à café d'ail en poudre
- 1/2 cuillère à café de piment en poudre
- Sel fin au goût

Instructions :

1. Préchauffez le four à 200°C.
2. Séchez les pois chiches avec un torchon ou du papier absorbant pour enlever l'excès d'humidité.
3. Dans un bol, enrobez les pois chiches avec de l'huile d'olive, du cumin moulu, du paprika, de l'ail en poudre, du piment en poudre et du sel.
4. Étalez les pois chiches assaisonnés en une seule couche sur une plaque de cuisson.
5. Rôtissez-les dans le four préchauffé pendant environ 20-25 minutes ou jusqu'à ce qu'ils soient croustillants et dorés, en secouant la plaque de temps en temps pour une dorure uniforme.
6. Retirez-les du four et laissez-les refroidir avant de déguster les délicieux pois chiches rôtis.

150 - 200 kcal

10 minutes (plus temps de refroidissement)

Difficulté 2/5

Végétarien - Végétalien

Ces en-cas faits maison offrent une gamme de saveurs, de textures et de nutriments pour vous donner de l'énergie et de la satisfaction tout au long de la journée. Que vous préfériez quelque chose de sucré ou de salé, il y a une option d'en-cas pour chacun. Profitez de ces recettes et n'hésitez pas à les modifier selon vos préférences gustatives et vos besoins alimentaires. Les en-cas peuvent être une partie saine et agréable de votre routine quotidienne, car ils fournissent des nutriments et favorisent le bien-être général.

MAINTENIR UN MODE DE VIE SAIN AU-DELA DE LA CUISINE

Maintenir un mode de vie sain va au-delà de la simple alimentation. Cela comprend une approche holistique qui aborde différents aspects de notre bien-être. Nous examinons l'importance de prendre soin de notre corps et de notre esprit au-delà de la cuisine et explorons différentes stratégies pour intégrer l'activité physique, gérer le stress, pratiquer l'auto-soin et donner la priorité au sommeil et à l'hydratation.

L'importance d'une approche holistique de la sante et du bien-etre :

a. **Connexion corps-esprit** : Notre santé physique est étroitement liée à notre bien-être mental et émotionnel. La connexion corps-esprit reconnaît que nos pensées, émotions et croyances peuvent influencer notre santé physique et vice versa. En nourrissant ces deux aspects, nous pouvons atteindre un bien-être optimal.

b. **Bien-être global** : Une approche holistique de la santé et du bien-être prend en compte les différentes dimensions de notre vie, y compris le bien-être physique, mental, émotionnel, social et spirituel. Elle reconnaît que le véritable bien-être est atteint en trouvant un équilibre dans tous les domaines de notre vie.

c. **Accent sur la prévention** : Adopter une approche holistique met l'accent sur les soins préventifs plutôt que sur le simple traitement des symptômes ou des maladies. En prenant des mesures proactives pour maintenir notre santé globale, nous pouvons réduire le risque de développer des maladies chroniques et améliorer notre bien-être à long terme.

d. **Approche personnalisée** : La santé holistique reconnaît que les besoins et les préférences de chacun sont uniques. Elle encourage les individus à explorer différentes pratiques et techniques pour trouver ce qui fonctionne le mieux pour eux. Cette approche personnalisée permet aux individus de prendre en main leur propre santé et de faire des choix éclairés.

e. **Amélioration de la qualité de vie** : Lorsque nous donnons la priorité à notre bien-être holistique, nous expérimentons des améliorations dans la qualité de notre vie. Nous avons plus d'énergie, une plus grande clarté mentale, une plus grande résilience et un sens accru de la réalisation et du but. En prenant soin de tous les aspects de notre bien-être, nous pouvons vivre notre vie au mieux.

f. **Habitudes durables** : Une approche holistique favorise l'adoption d'habitudes durables qui peuvent être maintenues à long terme. Elle encourage les gens à trouver de la joie dans la nourriture de leur corps, dans la pratique d'activités physiques agréables et dans les soins personnels. En intégrant ces habitudes dans notre mode de vie, nous créons les fondations d'une santé et d'un bien-être durables.

En intégrant une approche holistique de la santé et du bien-être, nous pouvons cultiver un mode de vie harmonieux et équilibré qui soutient notre bien-être général. Cela inclut la prise en charge de notre santé physique grâce à des choix alimentaires nutritifs, une activité physique régulière, la gestion du stress, la priorisation de l'auto-soin et l'assurance d'un sommeil et d'une hydratation adéquats. Rappelez-vous que de petits pas réguliers peuvent conduire à des changements positifs significatifs dans notre vie.

Integrer l'activite physique dans les routines quotidiennes :

L'activité physique est essentielle pour maintenir un mode de vie sain, même en dehors de la cuisine. L'exercice régulier ne favorise pas seulement la gestion du poids, mais améliore également la santé cardiovasculaire, renforce les muscles et les os, améliore l'humeur et augmente le bien-être général. Voici quelques idées pour intégrer l'activité physique dans votre routine quotidienne :

a. **Prioriser le mouvement** : Cherchez des occasions de bouger tout au long de la journée. Faites de courtes promenades pendant les pauses, utilisez les escaliers au lieu de l'ascenseur, ou engagez-vous dans des transports actifs en allant à vélo ou à pied vers des destinations proches. Même de petits moments d'activité peuvent contribuer à votre forme physique générale.

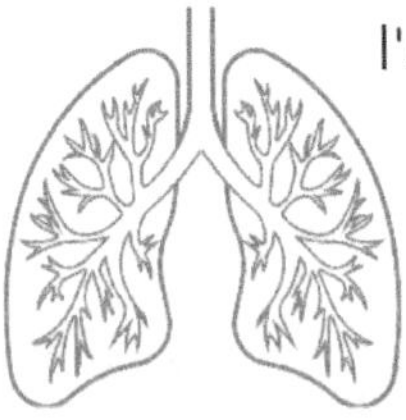

b. **Trouvez des activités que vous aimez** : Engagez-vous dans des activités physiques que vous appréciez vraiment. Cela peut être la danse, la natation, le vélo, la randonnée ou le yoga. Lorsque vous choisissez des activités que vous aimez, il est plus probable que vous les suiviez à long terme.

c. Fixez des objectifs réalistes : Établissez des objectifs atteignables qui correspondent à votre niveau de forme physique actuel et à votre style de vie. Augmentez progressivement la durée et l'intensité de vos entraînements à mesure que votre forme physique s'améliore. Fixer des objectifs réalistes aide à maintenir la motivation et à éviter de se sentir dépassé.

d. Intégrez l'entraînement en force : Intégrez dans votre routine des exercices de force pour développer la masse musculaire et améliorer l'endurance. Cela peut être fait en utilisant des bandes de résistance, des poids libres ou même des exercices avec le poids du corps. L'entraînement en force aide non seulement la santé physique, mais soutient également la densité osseuse et favorise la forme physique.

e. Rendez-le social : Faites de l'exercice avec des amis, de la famille ou participez à des cours de fitness en groupe. Avoir un système de soutien social peut fournir de la motivation et de la responsabilité et rendre l'expérience plus agréable. De plus, cela peut favoriser un sentiment de communauté et améliorer votre bien-être général.

f. Restez actif tout au long de la journée : Cherchez des opportunités de rester actif même pendant les activités sédentaires. Utilisez des bureaux debout ou prenez des pauses régulières pour vous étirer et bouger. Envisagez d'incorporer des exercices légers ou des étirements en regardant la télévision ou pendant les pauses au travail.

g. Variez : La variété est le piment de la vie, même en matière d'activité physique. Incorporez un mélange d'exercices aérobiques, d'exercices de force, d'exercices de flexibilité et d'activités qui mettent au défi votre équilibre et votre coordination. De cette façon, non seulement vous gardez les choses intéressantes, mais vous impliquez également différents groupes musculaires et maintenez la forme physique générale.

Rappelez-vous qu'avant de commencer un nouveau programme d'exercices, il est essentiel de consulter un professionnel de la santé ou un instructeur de fitness qualifié, surtout si vous avez des problèmes de santé ou des préoccupations sous-jacentes. Ils pourront vous fournir des conseils personnalisés et vous aider à créer une routine d'exercices adaptée à vos besoins et capacités spécifiques.

En intégrant l'activité physique dans votre routine quotidienne, vous pouvez profiter des nombreux avantages de l'exercice et soutenir votre santé et votre bien-être général. Que ce soit une promenade matinale, une session de danse dans le salon ou un entraînement en salle de sport, trouver le moyen de bouger votre corps régulièrement contribuera à votre parcours de bien-être holistique.

Conseils pour gerer le stress et pratiquer l'auto-soin :

Dans nos vies trépidantes et exigeantes, le stress est devenu un compagnon courant. Cependant, gérer le stress est essentiel pour notre bien-être général. Intégrer des pratiques d'auto-soin dans notre routine quotidienne peut aider à réduire les niveaux de stress et à promouvoir la santé mentale et émotionnelle. Voici quelques conseils pour gérer le stress et pratiquer l'auto-soin :

a. **Prioriser l'auto-soin** : Assurez-vous que prendre soin de vous est une partie non négociable de votre routine quotidienne.

Consacrez du temps à des activités qui vous aident à vous détendre et à vous ressourcer. Cela peut être lire un livre, prendre un bain relaxant, pratiquer la pleine conscience ou la méditation, vous adonner à un passe-temps ou simplement passer du temps dans la nature. Rappelez-vous que l'auto-soin n'est pas égoïste, mais est un aspect nécessaire pour maintenir l'équilibre et nourrir votre bien-être général.

b. **Pratiquer des techniques pour soulager le stress** : Explorez différentes techniques pour soulager le stress qui vous conviennent le mieux. Des exercices de respiration profonde, de relaxation musculaire progressive, d'imagerie guidée ou de journaling peuvent être efficaces pour réduire le stress et favoriser la relaxation. Trouvez ce qui fonctionne pour vous et incorporez-le dans votre routine quotidienne, surtout pendant les moments de difficulté ou de surcharge.

c. **Établir des limites saines** : Apprenez à établir des limites et à dire non aux activités ou engagements qui vous oppriment. Il est juste de prioriser votre bien-être et de refuser les demandes qui pourraient ajouter un stress inutile ou perturber votre routine de soin de soi. Prioriser vous-même vous permet de vous montrer pleinement aux autres lorsque vous êtes dans un meilleur état mental et émotionnel.

d. **Faire de l'exercice physique** : L'activité physique est non seulement bénéfique pour votre santé physique, mais a également des effets positifs sur votre bien-être mental et émotionnel. L'exercice régulier libère des endorphines, qui améliorent naturellement l'humeur. Trouvez des activités que vous aimez et faites-les partie de votre routine. Que ce soit marcher, pratiquer le yoga ou danser, bouger votre corps peut vous aider à soulager le stress et à améliorer votre humeur.

e. **Promouvoir des relations saines** : Entourez-vous de personnes positives et solidaires qui contribuent à votre bien-être général. Cultivez des relations qui vous apportent de la joie, un soutien émotionnel et encouragent la croissance personnelle. Se connecter avec vos proches et favoriser des liens significatifs peut aider à soulager le stress et à promouvoir un sentiment d'appartenance et de connexion.
f. **Donner la priorité au sommeil** : Un sommeil de qualité est essentiel pour gérer le stress et maintenir le bien-être général. Établissez un horaire de sommeil régulier et créez un environnement favorable au sommeil. Pratiquez une bonne hygiène de sommeil, par exemple en évitant les appareils électroniques avant de vous coucher, en créant une routine relaxante et en vous assurant que l'environnement dans lequel vous dormez est calme, sombre et confortable. Donner la priorité au sommeil permet à votre corps et à votre esprit de se recharger et de mieux faire face aux facteurs de stress quotidiens.
g. **Chercher du soutien** : Si le stress devient accablant ou persiste malgré vos efforts, n'hésitez pas à chercher du soutien. Adressez-vous à des amis, à la famille ou à un professionnel de la santé mentale qui peut vous fournir des conseils et une assistance. Ils peuvent vous aider à développer des stratégies d'adaptation efficaces et vous fournir des outils supplémentaires pour gérer le stress de manière efficace.

Rappelez-vous que la gestion du stress est un processus continu et ce qui fonctionne pour une personne peut ne pas fonctionner pour une autre. Il est important d'explorer différentes techniques et de trouver celle qui vous convient le mieux. La constance et l'autocompassion sont essentielles pour naviguer dans votre parcours de gestion du stress.

Approfondissements sur l'importance du sommeil et de l'hydratation pour le bien-etre general :

Dormir suffisamment et rester correctement hydraté sont deux facteurs essentiels qui contribuent à notre bien-être général. Négliger ces aspects peut avoir des effets néfastes sur notre santé physique, mentale et émotionnelle. Voici quelques approfondissements sur l'importance du sommeil et de l'hydratation :

a. **Le pouvoir du sommeil de qualité** : Le sommeil joue un rôle fondamental dans notre santé et notre bien-être général. C'est pendant le sommeil que notre corps se répare et se régénère. Le manque de sommeil de qualité peut entraîner de la fatigue, une altération des fonctions cognitives, un affaiblissement du système immunitaire, des troubles de l'humeur et une augmentation du risque de maladies chroniques. Essayez de dormir 7-9 heures ininterrompues chaque nuit pour permettre à votre corps et à votre esprit de se reposer et de se régénérer.
b. **Conseils pour améliorer la qualité du sommeil** : Établir un programme de sommeil cohérent, créer une routine relaxante avant de se coucher et assurer un environnement confortable pour dormir sont essentiels pour améliorer la qualité du sommeil. Évitez les stimulants comme la caféine et les appareils électroniques avant de vous coucher, maintenez la chambre à coucher sombre et silencieuse et pratiquez des techniques de relaxation comme la respiration profonde ou la lecture d'un livre pour aider à calmer l'esprit avant de dormir.

Prioriser l'hygiène du sommeil peut vous aider à obtenir un sommeil reposant et régénérant.

c. **L'importance de l'hydratation** : L'hydratation est essentielle pour maintenir des fonctions corporelles optimales. L'eau est impliquée dans de nombreux processus au sein de notre corps, y compris la régulation de la température corporelle, l'aide à la digestion, le transport des nutriments et l'élimination des toxines. La déshydratation peut entraîner de la fatigue, des maux de tête, des vertiges, une diminution des fonctions cognitives et une altération des performances physiques. Essayez de boire au moins 8 verres d'eau par jour, en ajustant votre consommation en fonction de vos niveaux d'activité et des facteurs environnementaux.

d. **Stratégies pour rester hydraté** : Pour garantir une hydratation adéquate, emportez une gourde réutilisable avec vous tout au long de la journée comme rappel pour boire de l'eau régulièrement. Infusez l'eau avec des fruits ou des herbes pour ajouter de la saveur et la rendre plus attrayante. De plus, consommez des aliments hydratants comme des fruits et des légumes qui ont une teneur élevée en eau. Soyez attentif aux facteurs qui augmentent vos besoins en eau, comme l'activité physique intense, la chaleur ou les maladies, et ajustez-vous en conséquence.

e. **Sommeil et hydratation** : La connexion : Le sommeil et l'hydratation sont interconnectés et s'influencent mutuellement. Le manque de sommeil peut affecter les niveaux d'hydratation du corps, car il perturbe l'équilibre hormonal qui régule l'équilibre des fluides. De même, la déshydratation peut interférer avec la qualité du sommeil, causant des troubles du sommeil et un réveil peu reposé.

Donner la priorité à un sommeil de qualité et à une hydratation adéquate garantit un fonctionnement optimal du corps et de l'esprit.

f. **Établir des habitudes saines** : Faites du sommeil et de l'hydratation une priorité dans votre routine quotidienne. Établissez des horaires précis pour le sommeil et le réveil, créez un rituel pour aller au lit qui favorise la relaxation et assurez-vous d'avoir accès à l'eau pendant la journée. Tenez un journal du sommeil et de l'hydratation pour suivre vos progrès et identifier les schémas ou les domaines d'amélioration. Avec un effort constant et une attention consciente, vous pouvez établir des habitudes saines qui favorisent votre bien-être général.

Reconnaissant l'importance du sommeil et de l'hydratation et mettant en œuvre des stratégies pour leur donner la priorité, vous pouvez améliorer vos performances physiques et mentales, améliorer votre humeur et soutenir les processus naturels de guérison et de régénération de votre corps. Rappelez-vous que de petits changements peuvent avoir un impact significatif sur votre bien-être général, alors commencez dès aujourd'hui à intégrer des habitudes saines de sommeil et d'hydratation dans votre vie quotidienne.

CONCLUSION

Arrivés à la fin de cette extraordinaire expédition culinaire, nous souhaitons vous exprimer notre plus profonde gratitude pour vous être joint à nous dans ce voyage dans la cuisine saine pour personnes occupées. Tout au long de ce livre, nous avons cherché à démontrer qu'il n'est pas nécessaire de passer des heures interminables en cuisine pour créer des plats délicieux et nutritifs. Dès le début, nous avons exploré l'essence de la nourriture saine, démystifié des mythes et partagé des perspectives sur les ingrédients qui nourrissent véritablement notre corps. Nous avons prouvé que la cuisine saine ne doit pas forcément être compliquée ou chronophage, en vous présentant une série de recettes faciles et rapides, pleines de saveur.

Mais notre aventure ne s'est pas arrêtée aux recettes seules. Nous voulions vous donner des conseils pratiques pour faire vos courses et planifier vos repas intelligemment, en vous assurant de tirer le meilleur parti de votre temps et de votre budget et de savourer des repas nutritifs. Nous sommes convaincus que bien manger ne doit pas entraîner de dépenses excessives et, pour cette raison, nous vous avons fourni un guide pour trouver des ingrédients économiques et maximiser vos ressources.

Nous avons aussi compris qu'un mode de vie sain va au-delà de la nourriture que nous mangeons. Nous vous avons encouragé à embrasser l'activité physique, en trouvant des moyens simples d'intégrer le mouvement dans votre routine quotidienne. Nous avons parlé de l'importance de gérer le stress et de prendre soin de soi, car le vrai bien-être ne se limite pas à ce qui est dans l'assiette. Et n'oublions pas le pouvoir d'un bon sommeil et de l'hydratation : de petites habitudes qui peuvent faire une différence.

Enfin, nous avons célébré la joie du snack et vous avons proposé une collection de recettes de snacks faits maison, délicieux et sains. Ces snacks maintiendront vos niveaux d'énergie élevés et satisferont vos envies sans faire dérailler vos objectifs d'alimentation saine.

En vous disant au revoir, nous souhaitons vous laisser avec cette pensée : la cuisine n'est pas seulement un travail, mais une opportunité de créativité et d'expression personnelle. Nous espérons que les recettes et les conseils partagés dans cet ebook vous ont inspiré à apporter une touche de magie dans votre cuisine. Laissez les arômes, les saveurs et la chaleur de votre cuisine créer des moments inoubliables et nourrir votre corps et votre âme.

Merci d'avoir entrepris ce voyage extraordinaire avec nous. Que vos aventures culinaires continuent de vous apporter joie, bonne santé et de nombreux souvenirs heureux autour de la table.

Bon *appétit* !

Printed in France by Amazon
Brétigny-sur-Orge, FR

19566682R00097